Jules ARNOUX

COLLÈGE ET LYCÉE
DE DIGNE

ÉTUDE HISTORIQUE

DIGNE
IMPRIMERIE CHASPOUL, CONSTANS ET Vᵉ BARBAROUX
7, Place de l'Évêché, 7

1889

Jules ARNOUX

COLLÈGE ET LYCÉE

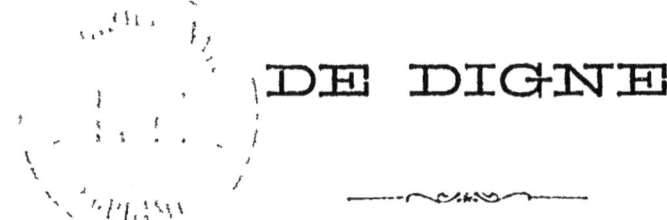

DE DIGNE

ÉTUDE HISTORIQUE

DIGNE
Imprimerie Chaspoul, Constans et Ve Barbaroux
7, Place de l'Évêché, 7

1888

A

M. Marius SOUSTRE

INTRODUCTION

Au moment où les questions d'instruction publique intéressent si vivement tous les bons citoyens dans cette œuvre de relèvement que la France poursuit avec une noble passion depuis dix-sept années, l'Université se plaît à regarder vers ses origines, à colliger ses titres anciens et nouveaux. Elle y cherche des enseignements, non pour imiter servilement le passé, mais pour accommoder ses méthodes aux exigences du temps présent, sans toutefois renier les littératures classiques, dont l'étude fortifiante est nécessaire à une éducation vraiment libérale.

Je veux apporter une modeste pierre à cet édifice en cours de construction et raconter, à l'aide de documents originaux, l'histoire du Collège de Digne depuis 1474 jusqu'à nos jours.

Cet établissement m'est resté cher à plus d'un titre. J'y ai professé la classe de huitième en 1868, la rhétorique de 1870 à 1885 ; j'ai pu collaborer à sa transformation en Lycée, comme conseiller municipal et comme inspecteur d'académie. C'est une dette de cœur que j'acquitte en lui consacrant cette étude, que j'eusse voulue plus complète, et à laquelle j'ai travaillé avec autant de plaisir que de persévérance.

J'ai tenu toutefois à inscrire dès le début le nom du magistrat dignois qui, ayant le plus contribué à doter sa ville natale d'établissements d'instruction, mérite à tant de titres la respectueuse gratitude de l'Université. Nul de ceux qui l'ont vu à l'œuvre ne sera pour me démentir.

J. A.

Inspecteur d'Académie, Agrégé des Lettres.

Draguignan, 1er juillet 1888.

PREMIÈRE PARTIE

LE COLLÈGE

I.

Origines et première période.

1474-1611.

Pendant le moyen âge et jusqu'à la fin du seizième siècle, l'on n'a pas établi de distinction précise entre l'enseignement primaire et secondaire ; le même régent, prêtre le plus souvent ou clerc tout au moins, était chargé d'enseigner les éléments de la lecture, de l'écriture et du latin (1).

Dans les villes importantes, les écoles étaient séparées et le personnel n'était pas le même, mais il était placé sous l'autorité d'un seul chef, appelé Grand Maître, ou Recteur (2). D'ailleurs, les collèges régulièrement consti-

---

(1) " Pendant longtemps la classe de latin et la classe primaire ne formèrent, pour ainsi dire, qu'une seule classe.... On s'aperçut à la longue des inconvénients de ce système et la séparation fut décidée (1776). „ (*L'Instruction publique à Peurance*, p. 13.) — Voir aussi M. Mireur, *Documents sur l'enseignement primaire en Provence*, pp. 2 et 3. — Le maître d'école nommé à Claviers (Var) (1618) était tenu d'enseigner le latin.

(2) *L'Enseignement secondaire, à Troyes*, p. 8. — Les grandes écoles donnaient l'instruction primaire, et les petites écoles l'instruction secondaire. — " Le collège de Guienne (à Bordeaux) réunissait plus ou moins, suivant l'usage du temps, les enseignements primaire, secondaire et supérieur. „ (P. IX, *Schola Aquitanica*, 1583, par Massebieau.)

tués comprenaient, comme aujourd'hui, une classe primaire.

Les choses se passèrent de la sorte en Provence, et en particulier à Digne.

Le premier document relatif à l'enseignement dans cette ville est une délibération des conseils communaux (11 juin 1440) et concerne l'instruction primaire; c'est un ordre de payer les « gages » de deux maîtres d'école :

« Et premierament es estat ordenat, present lo dich (1)
» mossen lo baylle et consentent, que se pague al mestre de
» l'escola per l'estudi de Paschas, que dura entro a sant
» Juan, los gages que li son degus (2) per lo dich estudi.

» Item es estat ordenat que lo maistre de l'escola de
» Chastellana (3) se mande querre e que governe las
» escolas entro a l'estudi de sant Michel, et si el se governe
» ben en lo regiment (4) que governe mays (5) al bon
» plazer del conselh...... » (Arch. com., B. B. 3.)

Cette pièce nous prouve que les écoles existaient depuis longtemps à Digne. Il est probable que les maîtres dont il s'agit donnaient aussi l'enseignement secondaire; il est même permis de l'affirmer, en procédant par analogie.

Quant au collège proprement dit, nous connaissons exactement la date de l'achat de la maison où il fut installé, au XVe siècle; il est encore considéré comme une « école », mais il est évident qu'il existait de fait déjà auparavant. Le 9 novembre 1474, les conseils communaux prirent la délibération suivante :

« .... Item plus es estat ordenat que sian acceptas al dich
» tresaurier florins set (6), que ha pagat al noble Juan

---

(1) ledit.
(2) Qui lui sont dus.
(3) Castellane.
(4) Régime, direction.
(5) Plus (magis).
(6) Sept florins.

» Chaussagros et sa molher (1) per comandament dels
» senhors sendegues (2), et aquo en diminution del pres de
» l'ostal de l'escola, que la villa ha comprat (3) de elles....
   » Item mays (4) es estat ordenat que los senhors
» sendegues, ambe Elzias Raos, lo senhor d'Antragelles (5)
» et autros que bon semblara en lor companhia, deian
» donar a preffach (6) a mestre Bernart ho autre mestre, al
» melhor marchat que pognon (7), de fayre reparar et
» adobar l'ostal per l'escollo que la villa ha comprat de sen
» Juan Chaussagros et sa molher, et aquo en maniera que
» lo dich ostal sia segur (8) et que si fassa tota reparation
» necessaris.
   » Item mays es estat ordenat que lo tresaurier pague (9)
» a Juan Chaussagros et sa molher XXIII florins, que li
» son degus per comprat de l'ostal de Solhabuous (10). »
(Arch. com., BB. 8.)

Ainsi, la ville achetait au prix de 30 florins (en deux payements) la maison du sieur Chaussegros pour y établir l'école, c'est-à-dire le collège, et prescrivait les réparations nécessaires; l'immeuble était situé rue Mère-de-Dieu (n° 34); après une série de transformations dont nous parlerons plus tard et dont la dernière est toute récente, il est occupé actuellement par l'aumônier du pensionnat des Ursulines (11).

---

(1) Femme.
(2) Sieurs syndics.
(3) Acheté.
(4) De plus.
(5) Entraygues.
(6) Devront donner à prix fait.
(7) Pourront.
(8) Soit sûr, offre toute sécurité.
(9) Paye.
(10) Soleilho-Bœuf, quartier où se trouvent aujourd'hui la préfecture et le tribunal.
(11) Les comptes des trésoriers donnent quittance de la somme de 30 florins à Giraud Tulhe, trésorier en 1474. (Arch. com., C. C.)

En 1476, les registres des trésoriers constatent que la maison a été appropriée à sa nouvelle destination ; en 1499, il est dit, au compte d'Honnorat Gassendi, que 10 florins ont été payés à Elzéar Aguillenc, clavaire de la cour royale, pour les droits de lods (ou de mutation) de la maison d'école. (Arch. com., C. C.)

Le collège atteignit rapidement une certaine prospérité, puisqu'en 1484 la chaire de rhétorique et sans doute la direction en étaient sollicitées par un latiniste élégant, tel qu'Antoine Ferrier, de Moustiers. Cet aspirant au principalat écrivait aux consuls de Digne, le 12 avril, la lettre suivante, dont l'original nous a été communiqué par l'aimable et érudit archiviste des Basses-Alpes, M. Isnard (1) :

Antonius Ferrerius proceribus nечnon Digne consulibus salutem plurimam dixit.

Quanquam, nobilissimi honorandissimi que proceres Digneque senatores, gramaticorum, oratorum, necnon poetarum, rhetorum ars sterilis et vana esse videtur, ut Juvenalis noster, satyra septima profitetur cum dixit : « Pœnituit multos vane sterilisque cathedre; » idque latius explanat cum dixit : « Quis gremio Enceladi doctique Palemonis affert quantum gramaticus meruit. » Idemque dixit : « Nulla minoris constabit patri quam filius. » Sed Juvenalis quoque noster contra suorum temporum imprudentissimos, non autem contra prudentes invehitur, nam viri prudentes toto animo totoque impetu doctrinam amplecti voluerunt. Tamen cum nobilissimorum vestorum animis sapientiam inesse, rhetoremque vestrum ex ludo litterario vestro discedere velle acceperimus, e vestigio ad scribendum pro vobis exuscitati fuimus, ut que sunt in animis vestris de ludi

---

(1) La lettre est adaptée au registre des délibérations du conseil municipal la date de 1484 n'est pas indiquée dans ce document, mais elle ne paraît pas douteuse.

litterari vestrum deliberatione scire valeamus; et cum vos omnes esse prudentes non ignoremus, de spirantibus ad virtutem vos bene meritos fore credimus, nam colere virtutem atque doctrinam est nempe prudentis, sapientisque est recordari preterita, disponere presentia et previdere futura, ut Cicero noster in primo officiorum libro profitctur cum dixit : « Homo autem qui rationis est particeps, » per quam consequentiam cernit, causas rerum videt earumque pro- » gressus et quasi antecessiones non ignorat, similitudines comparat, » rebusque presentibus adjungit atque annectit futuras, facile totius » vitæ cursum videt, ad eamque degendam preparat res necessarias. » Et etiam, nobilissimi proceres, deligere recta et honesta est sapientis, mala et aversa imprudentis, ut idem Cicero noster ostendit cum dixit : « In tranquillo tempestatem adversum optare dementis est, subve- » nire autem tempestati quavis ratione prudentis. » Sane digna est hec oratio cum dixit ipse Cicero quod dementis id est imprudentis sit in tranquillo optare tempestatem, et subvenire tempestati quacumque ratione sit sapientis. Vos ergo cum videam omnes esse sapientes, non dubito quin huic tempestati impetuosæ huicque mari proceloso in quo omnes navigamus quacumque ratione subveniatis; necnon filiis vestris qui quidem hoc mare procelosum sunt navigaturi hanc navem tutam atque fortem deligatis, ut hoc mare procelosum, id est hunc mundum miserabilem, hac navi securissima, id est scientia que est omnium rerum nobilissima ac securissima, recte navigare valeant. Quod scientia sive doctrina sit omnium rerum nobilissima late patet et hoc quidem nemo inficiari potest; et precipue cum tanta bona tante que utilitates, nobilitates, virtutes, quod ultra provehor, denique corporum animarumque leta salus ab ipsa doctrina manare videantur. Unde ipse nobilissime leges, unde justicia, sine qua homines inter eos auras vitales - nullo modo ducere possent, de qua dixit Cicero : « Nichil enim honestum esse potest quum justicia » vacat », et alibi : « Nullum enim est tempus quod justicia vacare » debeat. » Unde etiam cristianorum fides: hæc quoque omnia ab ipsa doctrina manarunt. Ideo patet quod doctrina est omnium rerum nobilissima, quam quidem etiam ille Bias, inter septem sapientes sapiens nominatus, putavit omnium rerum esse nobilissimam. Cujus quum patriam Prienem cepisset hostis, ceterique ita fugerent ut multa de suis rebus secum asportarent, cum esset admonitus a quodam ut idem ipse faceret, tunc ipse Bias dixit : « Omnia mea » mecum porto. » Et nulla bona fortune secum sed bona animi asportabat. Ille quidem Bias sapiens hæc ludibria fortune nec sua quidem putavit que nos apellamus bona. Igitur animi bona bonis corporis sunt aptiora; ipsaque animi virtus juvenes formosiores efficit, ut Virgilius, libro quinto, profitatur cum dixit : « Gratior et » pulcro veniens in corpore virtus. » Adjuvat et virtus ipsa senum molestias linit, ut Cicero, in tractatu *De Senectute*, profitetur cum dixit : « Quibus enim nichil opis est in ipsis ad bene beateque » vivendum, iis omnis gravis est etas; qui autem omnia bona a » seipsis petunt, iis nihil potest malum videri quod nature necessitas » afferat. » Ergo bonum animi bono corporis melius nobiliusque esse videtur. Quod etiam Juvenalis, satyra octava, declarat cum dixit : « Nobilitas sola est atque unica virtus. » Ergo, nobilissimi proceres, cum omnes viri sapientes dixerunt doctrinam omnium rerum esse nobilissimam, atque videam vos omnes sapientia esse refertos, non dubito quin hanc preclarissimam hereditatem filiis vestris relinquatis, qua quidem nulla alia hereditas potest esse melior ut Cicero, primo officiorum libro, declarat cum dixit : « Optima » autem a patribus hereditas traditur liberis omnique patrimonio » prestantior gloria virtutis. » Igitur, nobilissimi proceres, cum rhetor ludi literari vestri velit a vestra civitate discedere, et vobis rhetore opus sit, ut filios vestros hac preclarissima doctrina ornare valeatis, et si sit vobis cordi me pro rhetore ludi literari vestri habere, ludum id est scolam vestram bene regere, filiosque vestros bonis moribus bonaque doctrina ornare totis nostris viribus conabimur; omnesque libros quos in animis filiis vestris erit audire, legere poterimus, videlicet : Terentium, Virgilium, Ciceronem in officiis vel in epistolis, Juvenalem, Persium, Boetium, nec non Horatium, multosque gramaticos profecto legere poterimus.

Vos omnes bene valete.

Ex Mosteriis, pridie idus aprilis.

Antonius Ferrerius, *vobis omnibus amicus.*

Adresse, au verso : Nobilibus proceribus necnon Digne consulibus presens epistola detur.

Cette lettre est intéressante à plus d'un titre. L'école est appelée *ludus litterarius*, ce qui implique l'enseignement des humanités; le professeur que Ferrier désire remplacer est un véritable régent de rhétorique, *rhetor ludi litterarii*. Il étale naïvement, dans un latin tout cicéronien et à grand renfort de citations classiques, son érudition et ses principes aux magistrats dignois, qu'il accable d'épithètes redondantes. Il fait l'éloge de l'instruction; il compare la vie humaine à une mer orageuse et la science à un vaisseau qui nous permet d'y voguer dans une sécurité complète; la science, dit-il, est le bien le plus honorable et le plus sûr. Nous ne dirions pas autrement aujourd'hui.

Il fait ensuite l'éloge de la vertu, compagne indispensable de l'instruction, et il est convaincu que les consuls et les nobles habitants de Digne voudront laisser à leurs enfants un aussi glorieux héritage.

En terminant, il s'offre pour expliquer aux élèves qu'on lui confiera Térence, Virgile, les offices et lettres de Cicéron, Juvénal, Perse, Boèce et Horace, indépendamment d'une foule de grammairiens.

Ce programme peut nous paraître ambitieux, mais il nous atteste que, dès cette époque, l'enseignement vraiment secondaire était donné au collège de Digne.

Nous ignorons si Antoine Ferrier fut agréé par les consuls.

Pendant plus d'un siècle, nous n'avons que de maigres renseignements tirés des comptes des trésoriers. En 1500, Honnorat Gassendi paye à Jeanne Martin et à maître Vincens Roman, *recteurs* des écoles l'année précédente, 37 florins. En 1518, François Nadal paye les gages ordinaires à maître Blase Clavau, *magister de l'escollo de l'an passat*, 25 florins.

En 1530, maître Arnaud reçoit 20 florins pour les gages et le premier quartier (1). En 1546, il est donné à Johan

---

(1) Compte d'André Meynier.

Bertrand, recteur des écoles, pour son traitement de l'année précédente, la somme de 75 florins. C'était déjà, pour l'époque, une dépense importante. Plus tard enfin, en 1580, maître Olivari Jay touche 188 florins.

On remarquera la progression constante dans les gages des maîtres du collège. Il est probable toutefois que plusieurs régents étaient attachés à l'établissement et que leur traitement était compris dans les chiffres cités.

Arrivés au commencement du XVIIe siècle, nous trouvons des documents plus nombreux et moins espacés :

1601. Estienne Clary, régent des écoles, et Maynac, autre régent, 48 écus, « revenant à 144 livres ».
1607. Roustan, pour le dernier quartier, 17 écus.
Camatte, prêtre, pour le premier quartier, 12 écus.
1608. Le même, pour l'année, 50 écus.
1609. Le même, régent du collège (1), 36 écus.
Jean Bruno, avocat en la cour, 34 écus.
1610. Jean Bruno, 50 écus.
1611. Brun, régent du collège, principal des école et collège, 51 écus.
Bouteillon, autre régent, 24 écus (2).

L'organisation de l'établissement a fait un pas important, puisqu'il y a un principal chargé à la fois de la direction de l'enseignement primaire et secondaire.

Les gages n'étaient pas élevés sans doute, mais ceux des autres employés de la commune ne l'étaient pas davantage. D'ailleurs, on percevait au profit des maîtres une rétribution sur les élèves (3).

---

(1) Le mot de *collège* est employé pour la première fois.
(2) Registre des comptes. (Arch. com., C. C.)
(3) Voir Mireur. — A Aups, en 1541, le maître d'école touche 15 florins, plus une rétribution trimestrielle (p. 8). — A Troyes, également. *(Enseignement secondaire à Troyes*, p. 48.)

Il est bien difficile de se faire une idée exacte de ce qu'était l'enseignement au collège de Digne pendant cette première période; il fut sans doute assez modeste, au début; mais, à l'entrée du XVIIe siècle, il parcourait évidemment le cycle complet des études latines, puisque Gassendi en prit la direction en l'année 1612,

II.

Gassendi.

La « dispute » ou concours. — Les Jésuites.

1612-1743.

Les biographes de l'illustre Gassendi n'ont pas manqué de rappeler son enseignement au collège de Digne. Nous citerons les passages les plus caractéristiques et nous établirons, à l'aide de documents nouveaux, les dates et les faits les plus importants.

Nous lisons dans son oraison funèbre, prononcée en 1655 par Nicolas Taxil :

« Son premier vol fut dans Digne, où, en poursuivant
» ses estudes par le seul effort de son génie, il fit part
» à plusieurs jeunes hommes qui vivent encore avec esclat
« dans cette ville des lumières qu'il avoit apportées de
» sa solitude (1). Ils admirent encore sa facilité à les
» instruire, sa docilité à les corriger et sa constance à
» passer ordinairement les nuits à la lecture des bons
» livres. Il quitta Digne et fut à Aix, où il acheva sa
» philosophie sous le P. Fesaye (2), qui m'a dit cent fois

---

(1) Du village de Champtercier, où il était né en 1592.
(2) De l'ordre des Carmes.

» que M. Gassendi, estudiant sous luy et n'ayant encore
» que 15 ans commencés, il estait assez capable pour
» estre son maistre plutôt que son escholier. Il revint à
» Digne sur la fin de cette année (1607), pour se trouver
» à la dispute générale du collège, en laquelle il parut si
» esclairé en toutes les sciences qu'il gagna le prix sur
» les sçavants qui se trouvèrent au concours. Comme
» il estait très petit de corps, il renversa, à l'imitation du
» petit David, ces montagnes de chair, ces gros géants
» venus des Alpes pour conduire les escholes de Digne.
» Les arbitres de la dispute ayant remarqué que celuy qui
» ne paraissait quasi point au milieu de ces grands Régens
» avait jetté des lumières si fortes qu'elles avaient fait
» perdre la veûe, l'esprit et selon leur terme la carte à
» ceux qui le surpassaient de toutes les espaules. D'abord
» qu'il eut acquis par son mérite le gouvernement du
» collège (1), il se rendit si recommandable par les leçons
» qu'il y faisait tous les jours et qu'il continua pendant
» quelques années, que les doctes de cette ville, dont le
» nombre a été grand de tout temps, le regardaient
» comme un homme miraculeux (2). »

A ce témoignage naïf et touchant d'un contemporain, nous ajouterons celui du P. Bougerel :

« ......Retourné (d'Aix) à Champtersier, ses parents
» n'eurent pas longtemps la consolation de l'avoir auprès
» d'eux. Une dispute annoncée pour la chaire de rhéto-
» rique le leur enleva bien-tôt; il court à Digne, se met sur
» les rangs, remporte la chaire quoiqu'il n'eût encore que

---

(1) " A. de la Poterie nous montre Gassendi principal du collège en 1612. (*Documents inédits*, p. 8.) "

(2) *Bulletin de la Société littéraire des Basses-Alpes :* Oraison funèbre pour messire Pierre Gassendi, prestre, docteur en théologie, conseiller, lecteur et professeur du roy aux mathématiques, prononcée dans l'Eglise Cathédrale de Digne, le 14 novembre 1655, par messire Nicolas Taxil...... (Publiée par M. Tamizey de Larroque.)

» seize ans. Ce fut au grand regret de toute la ville qu'il
» quitta son emploi un an après (1609) (1). »

Un des derniers biographes du philosophe, Firmin Guichard, prétend qu'il fut ne pas nommé professeur de rhétorique au concours, mais que « ce fut plus tard, après
» son cours de théologie qu'il fut placé à la tête du collège
» de cette ville...... On n'avait pas l'habitude d'établir des
» concours pour choisir les professeurs; on était à cette
» époque bien content d'en trouver qui consentissent à se
» dévouer à cette tâche ingrate et difficile » (2). Sur ce point, l'exactitude ordinaire de Guichard est en défaut; il nous sera facile d'établir que les concours étaient antérieurs même à Gassendi (3).

Les registres des comptes nous donnent sur les points précédents des indications précieuses. Sébastien Fabre, trésorier en 1612, « pareillement se descharge et fait yssue
» de la somme de 24 escus qu'il a payé en deux diverses
» fois à messire Pierre Gassend, à présent principal régent
» des escoles de ceste ville, en déduction de ses gages et
» pour deux quartiers à eschoir à la fin de mars dernier,
» ainsi qu'appert des mandats et aquits qu'il en a concédé
» au bas d'iceux en date des 23 et 26 novembre 1612,
» septiesme et treiziesme dudit mois de mars, et ci
» XXIV escus ».

En 1613, Gassend, régent des escoles, reçoit 12 écus pour un quartier (trimestre). En 1614, Gassend, chanoine théologal (4) et régent du collège, touche 60 écus pour 5 quartiers.

---

(1) *Vie de Gassendi*, p. 7.
(2) *Souvenirs historiques*, p. 9.
(3) Nous les trouverons en vigueur jusqu'en 1792.
(4) D'après un acte reçu le 1er septembre 1614 par Bernardin Ermite, notaire royal, l'assemblée capitulaire conféra ledit jour à Pierre Gassend, de Champtercier, régent principal des écoles de Digne, le canonicat théologal, avec prébende. Le nouveau chanoine avait 22 ans. (Communication de M. l'abbé Cruvellier, dans le *Bulletin de la Société des Basses-Alpes*, tome Ier.)

En 1615, « payé à messire Gassend, chanoine théologal, cy-devant régent des escoles, et à messire Michel Ollivier, cessionnaire dudit messire, 24 écus pour 2 quartiers ».

Il résulte de ce qui précède que le principal du collège, Pierre Gassendi, recevait 48 écus, soit 144 livres par an. Il est même probable que ce traitement était partagé entre les régents, dont le nombre, d'ailleurs, devait être fort restreint. Nous n'avons aucune donnée sur l'enseignement que recevaient les élèves et sur l'organisation des études : ce qu'il y a de certain, c'est que les leçons de Gassendi avaient laissé une impression profonde parmi ses auditeurs.

Il nous reste à établir combien d'années il demeura au collège, et à quel titre. A la suite d'un concours, il professa la rhétorique à l'âge de 16 ans, au commencement de l'année 1608, mais nous ignorons la durée de cet enseignement. Nous le retrouvons en 1612, à l'âge de 20 ans, « principal régent des écoles » jusqu'en 1615, époque où il fut remplacé par Michel Ollivier ; son principalat avait été de trois ans.

Il n'est resté aucune trace de cette période de la vie de celui qui devait plus tard s'illustrer comme mathématicien au Collège de France, comme philosophe et adversaire de Descartes. Ce n'est pas un des moindres titres de gloire du collège de Digne de l'avoir compté au nombre de ses professeurs et de ses principaux. L'immeuble était des plus modestes, même pour l'époque, et il paraîtrait aujourd'hui à peine suffisant pour une école de village. Au XVIIe siècle, on n'était pas difficile sur ce point : les élèves, d'ailleurs, ne devaient pas être nombreux. Et puis la parole du brillant professeur donnait à l'établissement un éclat des plus enviables ; ce souvenir protégea pendant longtemps la réputation du collège.

Il y a toutefois un fait caractéristique dans l'organisation des collèges et des écoles à cette époque, c'est le recrutement du personnel enseignant. Les régents sont désignés chaque année à « la dispute » ou concours.

Dès 1611, les registres des comptes mentionnent une dépense de 5 écus faite dans une auberge par les écoliers et les régents pour « la dispute ». Cet usage était commun, du moins en Provence (1).

« Le *régime* de l'école est en général baillé pour un an
» commençant à la Saint-Michel.... Le maitre est choisi par
» le conseil de ville, qui s'entoure quelquefois de l'avis des
» pères de famille, sans autre garantie que sa bonne
» réputation et ses services antérieurs. Quant à l'agrément
» de l'autorité ecclésiastique, il a cessé d'être requis, tout
» au moins à partir du XVIe siècle..... S'il y a plusieurs
» candidats, le plus capable est nommé après un concours
» ou « dispute » présidé par un jury composé de notables,
» docteurs en droit canon, en droit civil ou en médecine,
» et les étrangers qui y prennent part sont libéralement
» hébergés aux frais de la commune. Mais cette dispo-
» sition, prescrite par un arrêt de règlement du Parlement
» de Provence, basé sur la loi romaine et l'ordonnance de
» Charles IX, n'est légalement obligatoire que pour la
» direction des grandes écoles (2). »

Jusqu'en 1631, nous ne trouvons aucune pièce qui nous permette d'indiquer nettement les conditions de ces concours dans la ville de Digne. Le conseil général tenu le 14 septembre de cette année est intéressant à plus d'un titre :

« Auquel conseil a été représenté par le sieur premier
» consul que, par le défaut de pouvoir avoir des régents

---

(1) A Troyes, vers 1600, le principal était élu pour cinq ans par les trois corps de la cité, réunis en assemblée sous la présidence de l'évêque ; il nommait ensuite lui-même les régents. (*L'Enseignement secondaire* à *Troyes*, p. 47.)

(2) *L'Enseignement primaire en Provence*, Mireur, pp. 2 et 3. — Voir, sur ce point de droit (d'après M. Mireur), Boniface, *Suite d'arrêts notables du Parlement de Provence*, Lyon, Pierre Builly, 1689 (t. Ier, p. 354).

» suffisants et capables pour le collège, les enfants ne
» profitent pas, et que pour l'instruction d'iceux il est
» important à la commune d'établir un collège par des
» personnes régulières (1), qui enseigneront depuis la
» cinquième classe jusque à la philosophie inclusivement;
» puisque ledit établissement peut être fait sans qu'il en
» coûte beaucoup à la communauté par dessus la somme
» qu'elle a accoutumée de donner pour la régence du
» collège, et que le moyen pour établir le collège se trouve
» facile; requérant le conseil, au cas qu'il agrée l'établis-
» sement dudit collège, de commettre des personnes telles
» que bon lui semblera pour traiter avec les Pères (2) qui
» seront choisis par ledit conseil, de convenir et traiter
» avec eux soit pour le rétablissement, soit des paches,
» marchés et précautions qu'il faudra prendre avec eux....

» Plus ledit consul a représenté qu'ils ont mis la régence
» des classes du collège à la dispute, en présence de
» plusieurs apparants (notables) de la ville et bailler à
» ceux qui se sont trouvés les plus capables, requérant
» le conseil de le ratifier et leur donner pouvoir de passer
» le contrat audit régent aux gages accoutumés.....

» Sur la première proposition, le conseil a approuvé
» ladite proposition de l'établisement du collège et donné
» le pouvoir à messieurs les consuls d'entrer en négocia-
» tion et s'assurer de telle personne que bon leur semblera
» pour faire réussir l'établissement du collège..... (3). »

En 1684, le 30 juillet, le conseil se réunit pour le même objet :

« ......Comme aussi a esté délibéré et donné pouvoir aux
» sieurs consuls de mettre toutes les classes du collège de

---

(1) Sans doute des religieux.
(2) Prêtres réguliers, les Jésuites sans doute.
(3) (Arch. com., BB. 25.) — En 1683 (29 novembre), le conseil ratifie des dépenses faites au collège; 12 livres 13 sols et 8 livres 11 sols pour réparation.

» ceste ville à la dispute et pour ce subjet faire recherche
» des personnes les plus capables qu'ils pourront pour
» s'en acquiter et faire mettre des affiches aux villes de
» ceste province (1) pour advertir de lad. dispute qu'il sera
» faite au jour qui sera assigné par les sieurs consuls et
» la régeance desdites classes donnée à ceux qui s'en
» trouveront les plus méritants sans aulcung suport après
» laquelle dispute le confract leur sera passé par lesd.
» sieurs consuls aux gages pactes et conditions des
» précédants. (2.) »

Ces deux délibérations nous prouvent qu'après le principalat de Gassendi la prospérité du collège ne s'était pas soutenue et que le recrutement des professeurs laissait à désirer ; l'on espérait être plus heureux en s'adressant à des clercs réguliers, mais sans renoncer au concours annuel fait en présence de plusieurs notables, probablement sous la présidence d'un consul. L'intervention de l'autorité ecclésiastique n'est pas mentionnée, mais elle ne nous parait pas douteuse, puisque les candidats étaient gens d'église (3). L'on voulait rendre toute son importance à l'établissement, en y enseignant les humanités et la philosophie et en donnant une grande publicité à la « dispute ».

Le 20 octobre 1686, le conseil approuve le choix qui a été fait par les consuls ; puis il « délibère d'achepter des
» livres pour chasque classe pour estre donnés à celluy
» des escoliers qui en sera trouvé le plus digne jusques au
» prix de 12 livres » (4). Pour la première fois, à cette

---

(1) Cette particularité est à noter; elle indique que les concours étaient très sérieux.

(2) Arch. com.

(3) Nous verrons plus loin qu'en 1748 les candidats ne pouvaient se présenter qu'avec l'assentiment de l'évêque et que des ecclésiastiques faisaient partie du jury.

(4) Arch. com.

date, il est question de récompenser les élèves et de faire ce que nous appelons une distribution de prix ; le meilleur élève de chaque classe devait recevoir un ouvrage.

Les contrats relatifs aux régents désignés par la voie du concours sont mentionnés, quant à la période qui nous occupe, jusqu'en 1692 ; il est dit, pour cette année (comme en 1681), que le pacte est conclu « pour la régence des « classes depuis la cinquième jusqu'à l'humanité ». Il est probable que les classes inférieures n'étaient pas comprises dans le concours.

Les sacrifices faits par la ville avaient augmenté en proportion du personnel : en 1683 et 1684, 480 livres pour les gages des régents ; en 1689, le chiffre était moins élevé : 236 livres pour six régents (1).

Quant aux bâtiments, ils étaient bien exigus ; nous lisons ce qui suit dans un dénombrement des biens communaux établi le 4 mars 1673 :

« ...... 3. Plus une autre maison appelée le Collège, où
» on tient les écoles dudit Digne, consistant en quatre
» chambres au cartier de Soleihebeuf, dans le terroir dudit
» Digne, confrontant dessus et dessoubs le chemin public,
» jardin du sieur lieutenant Daleric et le bastiment et
» tannerie de Claude Bellort, mouvant aussi de la directe
» de ladite majesté et dudit seigneur évesque de Digne,
» chacun par moitié, laquelle maison du Collège ladite
» communauté (2) possède aussy de toute ancienneté, sans
« en avoir jamais tiré aucun revenu (3). »

Quatre chambres ! Nous voilà bien loin des vastes

---

(1) Arch. com., Registre des Comptes. — Au collège de Verneuil, en 1599, les quatre régents avaient de 20 à 150 écus par an, outre certaines redevances que payaient les élèves. (*Revue de l'enseignement secondaire et supérieur*, n° du 1er janvier 1886.)

(2) La commune.

(3) Pièce communiquée par l'archiviste des Basses-Alpes.

édifices construits de nos jours pour l'instruction de la jeunesse (1). Qu'on nous permette ici un rapprochement : le collège de Port-Royal transféré à Paris, rue Saint-Dominique, en 1647, ne comprenait que « quatre chambres, » peut-être cinq, devant contenir six élèves chacune » (2). Les Jansénistes évitaient, avec raison, les grandes agglomérations d'élèves. Les consuls de Digne partageaient-ils en principe cette manière de voir ? Nous l'ignorons. Quant au nombre d'élèves présents, nous n'avons malheureusement aucune donnée pour l'établir.

Ici, nous sommes obligés de revenir sur nos pas pour dire quelques mots des Jésuites, qui, d'après M. l'abbé Féraud, auraient gardé la direction du collège depuis 1652 jusqu'en 1762, époque de leur suppression (3). Cette dernière date est fort contestable.

Les documents que nous possédons n'ont pas toute la précision désirable ; mais ce qui est certain, c'est que la célèbre compagnie dirigea le collège avant l'année 1651, sans préjudice des concours annuels pour la régence des classes. Nous lisons dans la délibération du conseil particulier tenu le 16 septembre 1651 :

« Encore à ratifier l'acte de la régence du collège en
» faveur du sieur Touret, à condition qu'il souffrira (4)
» la direction et le soin que les R. P. Jésuites en ont (5). »

Il est impossible de déterminer nettement en quoi consistaient « la direction et le soin » des Jésuites, puisque le conseil communal se réservait toujours le choix et la nomination des régents. Il y eut des tâtonnements et de

---

(1) Il convient d'ajouter que d'ordinaire la commune livrait deux chambres pour les deux petites classes. (Délibération du conseil municipal, 22 septembre 1656.)
(2) *Les Pédagogues de Port-Royal*, par Carré, Introduction, p. IX.
(3) *Géographie des Basses-Alpes*, p. 214.
(4) Expression à noter.
(5) Arch. com., BB 22.

longues hésitations, car l'on délibéra plusieurs fois sur l'établissement d'un nouveau collège qui serait placé entièrement sous la main des Jésuites, mais sans aboutir.

Le 15 mars 1655, le P. Gowinus Nickel, général, écrivait aux consuls la lettre suivante :

Perillustres Domini,

Benevolentissimus Perill. DD. VV. in societatem hanc nostram animus certissimis sese prodit indiciis, dum tam ardentibus votis nostrorum collegium in suâ civitate erigi postulant. Sed quæ sunt ipsæ studiosiores nostri, eo facilius patientur nihil me priùs in eo negotio definire, quam ex Patre Provinciali post accuratum examen resciero, quid quibusve conditionibus offeratur, ne quas forte admittamus, cum Instituti nostri ratione pugnantes. De iis cum primum certior factus fuero, satisfaciam quantum in me erit, votis vestris. Pergemus interim Perill. DD. VV. totamque civitatem nostris apud Deum precibus commendare, necnon omnem illis ab eo faustitatem et verorum præcipue bonorum cumulum precari.

Romæ, 15º martji 1655.

Perill. DD. VV.

*Servus in X*ᵗᵒ.

Gowinus Nickel.

D'après cette pièce, le conseil municipal aurait demandé la fondation *(erigi)* d'un collège de Jésuites à Digne; le général de l'ordre ne voulut prendre aucune décision avant d'en avoir conféré avec le P. Provincial; il promettait toutefois son concours le plus bienveillant.

A la même date, le P. Antoine Richeome (1) assurait aux consuls qu'il userait, à Rome, de toute son influence pour la réussite « d'une si noble négotiation ». Le 6 juin, le

---

(1) Originaire de Digne.

P. Guillaume de Lange écrivait d'Aix aux consuls dans le même sens (1).

Quatre jours après, le premier consul, sieur de Trévans, communiquait cette lettre au conseil, lequel donnait pouvoir aux magistrats municipaux « de dresser la minute des
» articles pour l'établissement du collège, avec telles
» personnes qu'ils trouveront à propos (2) ». Dans le conseil général tenu le 17 juin, il est dit que « le sieur
» consul a représenté, ensuite de l'assemblée qui avait été
» tenue l'année dernière de presque tous les apparants, à
» laquelle fut délibéré de moyenner d'avoir un collège des
» R. P. Jésuites dans cette ville, et dont fut député huit ou
» dix personnes pour travailler incessamment à ce glorieux
» dessein..... et d'autant qu'il est à propos de faire savoir
» au conseil les avantages que la communauté doit donner,
» c'est : 1º 3,000 livres de pension annuelle, à ce compris
» le revenu des biens qu'ils possèdent en cette ville, Aiglun
» et Mirabeau, à eux légués par la dame d'Espinouze et le
» sieur de la Robine ; lesquels biens étant vendus seront
» d'autant pour la quittance des 3,000 livres.... Il faut aussi
» leur bâtir un collège et le meubler suivant la portée de
» la ville, qui coutera plus de vingt mille livres ...(3). »
Le conseil donnait tout pouvoir aux consuls pour mener cette affaire à bonne fin.

On revint, le 22 septembre 1656, sur cette question :
« .... Encore a été proposé que le collège étant fort
» éloigné de la ville la jeunesse est fort incommodée soit
» par le chaud, soit par le froid ou en temps de pluie ; et
» d'autre part que n'y ayant que quatre classes il faut d'or-
» dinaire prendre à louage deux chambres pour les deux
» petites classes ; ..... de sorte qu'il serait nécessaire de
» pourvoir à faire bâtir un autre collège et vendre les

---

(1) Arch. com.
(2) Délibération du 10 juin 1655.
(3) Somme considérable pour l'époque.

» autres bâtiments anciens. De quoi (les consuls) ont
» conféré avec les R. P. Jésuites, qui ont offert de bailler
» la grange et jardin qui est au devant de leur maison (1),
» ce qui sera un moyen plus propre pour avoir plus de
» soin de la direction qu'on leur donne dudit collège......
»...... Sur lesquelles propositions a été délibéré..... que les
» consuls pourront faire mettre à l'enchère la vente des
» bâtiments du collège et donne pouvoir à iceux de
» traiter de la place par eux désignée et faire mettre la
» bâtisse à l'enchère pour la délivrer à celui qui en fera
» la condition meilleure (2). »

La vente de l'ancien collège et la construction du nouveau n'eurent pas lieu. En 1681, le conseil envoya une députation vers les P. R. de la Mission à Marseille pour les prier de se départir en faveur du collège du legs de la dame d'Espinouse fait à eux, ainsi qu'aux Pères Jésuites et aux Pères de l'Oratoire, dans le but de fonder à Digne une maison d'éducation religieuse (3). En 1682, on entra en pourparlers avec les Pères de la Doctrine chrétienne pour la direction du collège et la construction d'un bâtiment neuf (4); le tout sans résultats. En 1718, nous trouvons mentionné (5) l'enregistrement d'une ordonnance royale autorisant le sieur évêque de Digne à rétablir toutes les classes du collège et lui donnant le pouvoir de nommer pour régents les personnes qu'il jugera les plus convenables.

C'est pour la première fois que les ecclésiastiques, au détriment des magistrats municipaux, sont clairement investis d'une autorité souveraine sur le personnel enseignant. Il n'est plus désormais question des Jésuites ; nous

---

(1) Nous ignorons où était située cette maison. Le collège était simplement un externat et les régents se logeaient en ville.
(2) Conseil particulier du 22 septembre 1756.
(3) Délibération du conseil municipal.
(4) Délibération du 3 mars.
(5) Délibération du conseil municipal.

ignorons à quelle date ils quittèrent la direction du collège.

L'ancienne prospérité de l'établissement semble n'être plus qu'un souvenir. Il est temps que les consuls avisent; il ne le feront qu'en 1743 (1).

---

(1) Il n'est pas sans intérêt de mentionner qu'en 1738 la commune envoie un placet à M. de La Tour, intendant, pour obtenir l'autorisation d'établir deux " frères de l'école chrétienne ". La demande est rejetée parce que la ville est déjà trop endettée. Mais, en 1743, nous constatons la fondation d'une maison dirigée par deux frères " de l'école chrétienne pour apprendre les „ garçons à lire et l'arithmétique, avec une rétribution annuelle pour chacun „ (frère) de 200 livres payables à l'avance et par quartiers „. (Arch. com. B B.) Dès lors, l'enseignement primaire est donné à part.

III.

Réforme du Collège et construction d'un nouvel établissement,

1744-1786.

Les consuls résolurent de tenter un grand effort et de réorganiser les classes du collège ; le 6 octobre 1743, le conseil général de la commune délibérait sur la situation du collège. Le sieur Francoul, premier consul, « représente qu'on a depuis longtemps le
» désagrément de voir que le collège de cette ville, qui
» anciennement était un des meilleurs collèges de la
» Haute-Provence et des plus fréquentés, devient d'année
» en année plus désert et ne donne que fort peu des (sic)
» bons écoliers...... Les émoluments attachés à chaque
» classe étant devenus trop modiques par la vicissitude
» des temps qui a tout enchéri et ne permettant plus
» d'employer à l'éducation de la jeunesse des ouvriers (1)
» tels qu'un soin aussi important le demanderait,
» l'insufisance de ceux sur lesquels on était forcé de se
» rabattre (2), était la seule cause de ce dépérissement.

---

(1) Pris dans une acception noble.
(2) Cela tend à prouver que les Jésuites ne dirigeaient plus le collège depuis quelques années.

— 34 —

» Dans ces justes idées, comme il n'y a rien qui intéresse
» davantage une communauté, qui est la mère de ses
» habitants, que l'éducation de la jeunesse ; que c'est de ce
» point que partent les bons juges, les bons prêtres, les
» bons administrateurs, en un mot les bons citoyens (1),
» on a cru que, pour rétablir le collège dans son ancien
» lustre, il fallait aller à la source du mal et attribuer à
» chaque classe en particulier des émoluments propor-
» tionnés au travail, capables non seulement d'attirer
» des *(sic)* bons régents, mais encore de les retenir..... »
Il propose donc de donner au régent de sixième 120 livres,
à celui de cinquième 130, a celui de quatrième 140, à
celui de troisième 150, à celui de seconde 160 et à celui
de rhétorique 200, soit un total de 910 livres, au lieu de 510
comme précédemment.

Suivent des propositions que nous trouverons dans une
autre délibération, qui sera transcrite à cause de son
importance. Toutefois, dans cette dernière, n'est pas mentionnée une prescription ainsi formulée :

Les consuls laisseront « à l'arbitrage des régents le
» soin de faire faire de temps à autre à leurs écoliers
» quelque exercice littéraire pour rompre la timidité
» naturelle aux enfants ; bien entendu que ce sera sans
» préjudice du travail ordinaire, s'en reposant à cet effet
» sur leurs attentions et leurs bonnes volontés (2). »

Les excellentes intentions du conseil ne sont pas suivies
d'effet. Une nouvelle délibération est prise cinq ans
après, le 18 août 1748 (3) ; elle renferme un véritable plan
d'études ; la voici en entier :

L'an mil sept cent quarante-huit et le dix-huit du mois d'aoust, à
Digne, dans la salle de l'hôtel de ville, de l'autorité de messieurs les

---

(1) Idées et expressions remarquables pour le siècle.
(2) Arch. com., délibérations du conseil municipal, BB. 30.
(3) Arch. com., BB. 31.

maire, consuls, lieutenants généraux de police de cette ville de Digne, le conseil général de la communauté a été convoqué et assemblé à leur requête par Joseph Espitalier, trompette ordinaire de la ville, qui a fait précéder les criées et proclamations par tous les lieux et carrefours de la même ville accoutumés, par devant M. Me Hiacinthe Corriol (1), avocat en parlement, sieurs Hiacinthe Agnely, bourgeois, Jean-Joseph Besson, maitre apothicaire, sieurs consuls modernes, lieutenants généraux de police, autorisant ledit conseil en absence de M. le Maire, auquel conseil ont été présents avec Mrs les consuls : Me Jacques-Étienne Francoul, sieur de la Javie, avocat, Me Louis Yvan, notaire royal et procureur au siège, Sr Jean-François Magaud, marchand, sieurs consuls vieux, Sr Joseph-Dominique Jouine, bourgeois, Mes Gaspard Guitton, sieur de Barras, Jean-Pierre Amoureux, avocats, Joseph Trabuc à feu Joseph, cordonnier, Gaspard Nicolas, bourgeois, Joseph Esmiol, négociant, Gaspard Mayet, marchand, Pierre Michel, négociant, Jean Mégy, ménager, François Arnaud, revendeur, Me Pierre Guieu, greffier en la sénéchaussée, Me Joseph Meyronnet, avocat, Joseph Chaix, ménager, François Lombard, négociant, Jacques Marrot, marchand, Augustin Bully, négociant, Pierre Gassend, revendeur, Honoré Magaud, serrurier, et Gaspard Civatte, boulanger, tous conseillers au dit conseil ou subrogés à yceluy.

Rétablissement du Collège.

Auquel conseil il a été représenté par Mrs les consuls de la bouche du sieur Corriol, premier consul, que depuis l'interruption ou pour mieux dire la cessation du collège (2) on voyait journellement la dissipation, l'ignorance et les vices, enfants de l'oisiveté, gagner la jeunesse de la ville; que tout ce qu'il y a de pères et de gens à même de le devenir, tout ce qu'il y a de gens sensés et amis du

---

(1) Après avoir fait ses études au collège, il devint un jurisconsulte de mérite et composa des vers estimables. Il est permis de supposer qu'il a rédigé cette remarquable délibération. D'après l'abbé Féraud, il naquit à Digne en 1710 et y mourut en 1751.

(2) Nous n'avons là-dessus aucune indication précise.

mérite et de la vertu soupiraient après le rétablissement de ce même collège ; que l'intérêt de la communauté ne saurait être ni plus réel ni plus pressant que de pourvoir à un besoin aussi essentiel, puisque ce n'est que dans le collège, où se jettent les semences d'une bonne éducation, qu'elle peut trouver cette pépinière toujours renaissante de bons sujets et de bons citoyens en tout genre, qui seuls peuvent en être l'honneur et l'appuy ; que monseigneur l'évêque désirant concourir à une œuvre dont il sent mieux qu'un autre toute la conséquence, il *(sic)* était entré avec eux en connaissance de ce qui avait pu en occasionner la décadence et la chute, et qu'ils avaient reconnu que d'un côté les émoluments étaient encore trop modiques dans chaque classe, quoique la totalité en eût été portée à neuf cents livres par délibération du conseil du sixième octobre 1743 ; et que de l'autre la séance publique, où l'on disputait les classes et où elles étaient distribuées, étant indistinctement composée de toute sorte de personnes entendues et non entendues, cette assemblée était souvent indécente et tumultueuse, de sorte que la plupart des régents ne trouvant pas au fonds un intérêt qui pût répondre à la peine et étant par surcroît rebutés par la forme, il ne fallait pas être surpris qu'il ne se présentât pas un nombre suffisant de sujets capables pour remplir le collège.

Dans ce point de vue, M^{rs} les consuls auraient formé un plan de rétablissement par lequel, sans blesser le droit de la ville touchant la dispute des classes (1), on ne laisse pourtant pas que de réformer et de rendre la séance publique d'ycelle, plus régulière, plus décente et mieux entendue, et par lequel avec une légère augmentation, on pourvoit suffisamment aux honoraires de chaque régent, au moyen de quoi on a lieu de se flatter que la double cause du mal étant ôtée, on verra renaître dans la ville un collège remply par de bons régents et féconds en bons écoliers. Voici le plan que M^{rs} les consuls se sont proposés de faire agréer au présent conseil, et sur lequel il s'agit aujourd'hui de délibérer.

---

(1) Cette réserve est à noter.

Nouveau plan. — Honoraires.

1º Au lieu de cinq cent dix livres par an que la communauté donnait anciennement et qui ont été portées à neuf cents livres par la délibération dont on a parlé ci-dessus, elle donnera annuellement mille livres qui seront distribuées de la manière suivante :

Au régent de rhétorique deux cent quarante livres, ci.	240 » (1)
Au régent de seconde cent quatre-vingt-dix livres, ci.	190 »
Au régent de troisième cent soixante-cinq livres, ci..	165 »
Au régent de quatrième cent cinquante livres, ci.....	150 »
Au régent de cinquième cent trente-cinq livres, ci....	135 »
Au régent de sixième cent vingt livres, ci...........	120 »
Total................	1,000 »

Lesquels honoraires seront payés à chaque régent en particulier en quatre payements égaux, dont trois de trois en trois mois, et le dernier après la clôture du collège, sur les mandats que MM les consuls en adresseront au trésorier de la communauté.

Chaque écolier qui répétera chez son régent donnera vingt sols par mois en sixième et en cinquième, vingt-cinq sols en quatrième et en troisième, trente sols en seconde et en rhétorique, sans que les régents puissent rien prétendre ni exiger au delà.

Et afin que l'augmentation des honoraires des régents sur le pied ci-dessus soit moins à charge à la communauté, chaque écolier indifféremment, soit de la ville, soit étranger, payera six livres par chaque année qu'il étudiera dans le collège, lesquelles six livres seront exigées par le trésorier de la communauté par tout le mois de novembre de chaque année, suivant l'état et le rôle qui sera arrêté par MM. les consuls et par eux remis audit trésorier, sauf de

---

(1) Au collège de Montpellier, en 1791, le principal avait 1,200 livres, le professeur de philosophie 900 et les autres 800. (*Revue de l'enseignement secondaire et supérieur*, nº du 1ᵉʳ mars 1885.) — A Vire (Calvados), en 1747, le régent de rhétorique avait 500 livres et les autres 400. (Nº du 15 mai 1888.) — Au collège de Dôle, en 1765, après l'expulsion des Jésuites, le principal avait 800 livres et les régents de 400 à 600. (*Le Collège de Dôle*, p. 86.)

comprendre dans ledit rôle les écoliers qui pourront entrer au collège après ledit mois de novembre, lesquels payeront également six livres, et sans espoir, à ceux qui n'achèveront pas l'année d'étude, de répétition desdites six livres au prorata du temps qu'ils n'auront plus fréquenté le collège.

Dispute des classes. — Séance publique de la dispute des classes.

1º Le jour de la dispute des classes sera tous les ans indiqué suivant l'usage, au temps ordinaire, et par affiches de l'autorité de MM. les consuls et à leur diligence.

2º Les régents et candidats seront tenus de se présenter dans la maison de ville au jour indiqué et ne seront reçus (1) au concours que ceux qui rapporteront par écrit l'aprobation de Mgr l'évêque.

3º MM. les consuls convoqueront l'assemblée qui devra connaître du mérite des compétiteurs et prononcer sur la distribution des classes et y inviteront par billet douze personnes capables d'en juger sainement et avec impartialité, qu'ils choisiront indifféremment dans tous les ordres de la ville, laïques et ecclésiastiques, séculiers et réguliers; lesquelles personnes procéderont conjointement avec eux à l'examen des candidats, soit en les interrogeant, soit en leur faisant expliquer les auteurs classiques, soit en leur donnant à faire des vers, des thèmes, des amplifications, etc.

4º Les Sʳˢ consuls présideront à cette assemblée et y auront voix délibérative de même que chaque examinateur en particulier, en observant néanmoins qu'en cas de partage la voix de MM. les consuls sera pondérative.

5º Le travail qu'on aura donné à faire à chaque concurrent une fois fini, les sieurs consuls en retireront les copies, qu'ils mettront toutes sous une même enveloppe à laquelle chaque examinateur pourra mettre son cachet et si bon lui semble, pour être ladite enveloppe ouverte le lendemain dans une autre séance à laquelle les mêmes personnes seront priées de se trouver pour faire la lecture et

---

(1) Admis.

l'examen des copies y contenues, et être ensuite prononcé sur icelles à la pluralité des voix, et les classes distribuées en conformité des sufrages.

Les classes ainsi distribuées, MM. les consuls feront appeler les candidats en présence des examinateurs ; ils leur donneront connaissance du jugement qui aura été porté par l'assemblée et de l'adjudication qui aura été fait de chaque classe ensuite de l'examen et du résultat des opinions.

Règlement pour la conduite de la police du collège.

1º Chaque régent entrera dans la classe depuis le jour et fête de S¹ Luc (1), jour de la rentrée du collège, jusques à Pâques à huit heures du matin précisement jusqu'à dix heures, et depuis Pâques jusques à la clôture des classes à sept heures du matin précisement jusques à neuf, et l'après midi pendant toute l'année à deux heures précises (2) jusques à quatre heures, de façon que la classe dure toujours deux heures le matin et deux heures le soir.

2º Il n'y aura de congé depuis la rentrée du collège jusques à Pâques que l'après midi de chaque jeudi, et depuis Pâques jusques à la clôture du collège que le jeudi entier.

3º Chaque régent aura soin le jour de congé de donner à ses écoliers un devoir suffisant pour les occuper, de façon qu'il ne leur reste ni trop de temps à perdre ni assez pour se dissiper.

4º Chaque régent dans sa classe faira composer ses écoliers tous les vendredis au soir et tous les samedis au matin et distribuera les places avec connaissance de cause et sans partialité, rien n'abaissant plus le courage (3) des enfants que des préférences injustes, dont, malgré leur jeunesse, ils ne s'aperçoivent que trop.

5º Il y aura annuellement deux compositions générales, savoir : une lors de la rentrée, pour distribuer les écoliers chacun dans la classe pour laquelle il sera jugé propre, et l'autre quelques mois

---

(1) 18 octobre.
(2) A Verneuil, classe de 8 à 10 heures et de 3 à 5 heures.
(3) Cœur, sentiments.

après, selon que MM. les consuls l'indiqueront, pour voir si les écoliers profitent et si les régents en ont tous les soins qu'on doit en attendre.

6º MM. les consuls assisteront, si bon leur semble, à l'une et à l'autre de ces compositions, de même qu'à l'examen des copies, sauf à eux de proposer des petits prix lors de la seconde composition pour exciter l'émulation des écoliers et faire naître dans leur cœur le désir de gloire si capable d'enfanter des merveilles.

Fixation du congé des classes.

7º Les régents ne pourront congédier les écoliers, savoir celui de rhétorique avant le vingt-cinq août, fête de St Louis, celui de seconde avant le premier septembre, celui de troisième avant le huit du même mois et fête de la Ste Vierge, et les autres avant le vingt-un dudit mois, fête de St Mathieu, à peine de perte du dernier quartier de leurs gages.

8º Tous les régents seront au moins clercs tonsurés et le régent de rhétorique prêtre, tant que faire se pourra.

9º Le régent de rhétorique sera préfet (1) du collège, et en cette qualité il aura inspection sur les autres régents, droit d'entrée et de visite dans leur classe, en un mot la direction ordinaire du collège, bien entendu cependant qu'il sera libre à MM. les consuls de nommer tel autre préfet qu'ils aviseront, s'ils le jugent nécessaire pour le plus grand bien du collège (2).

10º Aucun régent ne pourra faire la répétition en classe, les deux heures de temps qu'il y passera étant plus que nécessaires soit pour la dispute des places, soit pour la dictée des thèmes ou autre travail, soit enfin pour la lecture des copies et l'explication des auteurs.

11º Chaque régent parlera à ses écoliers avec toute la politesse possible et aura soin de leur en faire observer exactement les règles parmi eux; il les reprendra avec douceur et avec gravité et ne sévira contre eux que pour des fautes grièves et après avoir tenté

---

(1) Ou principal.
(2) L'autorité municipale est jalouse de ses prérogatives.

inutilement les voies douces qu'on lui conseille, rien n'étant plus propre à dégrader le cœur que les coups (1), et ennoblir le sentiment que la douceur.

12º Enfin, comme l'éducation de la jeunesse a deux parties essentielles qu'on doit faire marcher de front, qu'il serait inutile et même nuisible de cultiver l'esprit si l'on négligeait le cœur, MM. les régents élèveront à la vertu plus encore qu'aux belles lettres la jeunesse qui leur sera confiée. Ils n'ont qu'à lire la manière d'enseigner de M. Rollin (2) ; ils ne peuvent guère en ce genre choisir de meilleur maître que lui.

Règlement concernant les mœurs que monseigneur l'évêque a donné pour être inséré dans la présente délibération et à la suite de ceux de la ville.

1º Tous les matins, après la classe, tous les écoliers, de deux à deux, iront dans une église des plus prochaines entendre dévotement la Ste messe, qui sera dite par un des régents et à laquelle les autres régents assisteront pour contenir la jeunesse dans le respect que demande le St sacrifice.

2º MM. les régents saisiront avec attention toutes les occasions qui se présenteront pour inspirer à leurs écoliers les sentiments de piété et de religion qui sont capables de leur former le cœur et l'esprit, pour leur insinuer l'amour qu'ils doivent avoir pour Dieu et pour le prochain, la fidélité aux commandements de Dieu et de l'église, le recueillement et le respect dans les églises, la modestie dans leur démarche et la pureté dans leurs paroles comme dans leurs actions.

3º Outre les petits traits d'instruction qu'on peut faire glisser fréquemment et insensiblement en conversation, MM. les régents leur feront régulièrement le catéchisme chaque samedi de la semaine pendant la dernière demi-heure du soir, et ils ne finiront jamais sans les exhorter à se confesser souvent et à recevoir la Ste eucharistie.

---

(1) Réflexion à remarquer dans un siècle où les châtiments corporels étaient d'un usage général et fréquent.
(2) Le Traité des études est de 1725-1728.

4° Ils exigeront des écoliers qu'ils se confessent au moins une fois chaque mois et ils les obligeront de rapporter un billet de confession ; ils ne laisseront passer aucune fête mobile ou du Sauveur ou de la Ste Vierge sans les exhorter et les presser même à se sanctifier par l'approche des sacrements, ainsi qu'aux fêtes de leur patron.

5° Ils exigeront encore d'eux qu'ils assistent tous les dimanches aux prônes et aux catéchismes qui se font à la paroisse, et il y aura toujours un de MM. les régents qui y assistera avec eux tant pour observer les écoliers qui manqueront que pour contenir dans le respect ceux qui y assisteront; en un mot, ils n'épargneront rien de tout ce qui peut contribuer à les faire croître en piété et vertus chrétiennes, ainsi qu'en science.

6° MM. le préfet et principaux régents défendront à tous les écoliers, en conséquence de la défense qui leur est faite à eux-mêmes, toute entrée dans les cafés, jeux publics, chasse et cabarets, comme encore de se dépouiller tous nuds pour se baigner en compagnie dans la rivière, sous peine : la première fois d'être avertis avec correction, la seconde, être sévèrement punis, et la troisième d'être honteusement chassés et mis hors de la classe ; et si messieurs les régents apprenaient de certains désordres, ils en avertiraient avec prudence M^r le préfet ou les autres supérieurs ou grand vicaire qu'ils trouveraient bon, pour y être par eux remédié.

Tel est le plan que MM. les consuls proposent au présent conseil pour parvenir efficacement au rétablissement du collège, requérant qu'il y soit par ledit conseil délibéré.

Délibération touchant le rétablissement du collège.

Sur quoi le conseil, parfaitement convaincu de la nécessité qu'il y a de rétablir le collège et plainement informé du plan et du reglement dont en la proposition pour en avoir entendu la lecture, après avoir remercié Mgr l'évêque de l'intérêt qu'il veut bien prendre à l'éducation de la jeunesse de la ville et des règlements vraiment dignes de sa sagesse et de sa sollicitude pastorale, qu'il souhaite de faire insérer dans la présente délibération avec ceux de la communauté, a unanimement délibéré de porter jusqu'à mille livres par an la totalité des honoraires de tous les régents, lesquelles seront distribuées et payées en conformité du susdit plan, et afin que cette augmentation soit moins onéreuse à la communauté, le conseil a délibéré d'imposer sur chaque écolier, soit de la ville, soit étranger, une taxe de six livres pour chaque an qu'il étudiera, laquelle sera exigée annuellement par le trésorier de la communauté, ainsi et de la manière qu'il est porté dans le même plan ; et à l'égard de l'assemblée publique de la dispute des classes, le conseil a fixé à douze le nombre des personnes qui y assisteront, non compris MM. les consuls ; lesquelles douze personnes seront par eux invitées à ladite assemblée et procéderont conjointement avec eux à l'examen des candidats et à la distribution des classes aussi en la forme et à la manière portée par le susdit plan ; et lesdits règlements, lesquels le conseil agrée et approuve dans tout leur contenu et veut être inscrits dans la présente délibération aussi bien que ceux de monseigneur l'évêque pour être exécutés dans toute leur étendue selon leur forme et teneur, donnant le pouvoir à MM. les consuls de s'adresser à monseigneur l'intendant ou par devant qui il appartiendra pour faire homologuer la délibération du présent conseil afin que, munie du sceau de l'autorité, elle ne puisse souffrir aucune difficulté dans l'exécution......

Et plus n'a été délibéré ; fait et publié au lieu et en présence que dessus et ont MM. les consuls signé avec le greffier de la communauté.

Signés : CORRIOL, consul ; AGNELLY, consul ; BESSON, consul ; MARTIN, greffier.

Ce document, dont l'importance est évidente, peut donner lieu à un certain nombre d'observations.

La subvention de 510 livres allouée précédemment par la ville est portée à 1,000. Outre le traitement indiqué plus haut, chaque régent recevra de chaque élève une rétribution variant de 20 à 30 sols par mois (1).

---

(1) A Troyes, le principal prélevait 20 sols par mois sur chaque externe et 33 livres un tiers par an sur chaque pensionnaire (*L'Enseignement secondaire à Troyes*, p. 48.) — Au collège de Sancerre, la rétribution mensuelle variait de 8 à 40 sols, suivant les classes. (*Revue de l'enseignement secondaire et supérieur*, n° du 1er août 1885.)

Chaque année, suivant l'usage, les professeurs sont nommés au concours, en séance publique, devant un jury de douze personnes siégeant à la maison de ville et prises indifféremment parmi les ecclésiastiques ou les laïques, sous la présidence des consuls. Les candidats ne peuvent se présenter sans l'agrément de l'autorité épiscopale ; ils doivent être, d'ailleurs, au moins clercs et tonsurés.

Le système de la dispute annuelle ne manquait pas d'originalité et d'imprévu ; il maintenait une émulation salutaire entre les régents et il offrait des avantages sérieux, à une époque où l'État n'avait encore rien centralisé et où il n'avait pas sous sa main un corps universitaire chargé de distribuer l'enseignement au degré primaire, secondaire et supérieur. Les municipalités, obligées de veiller elles-mêmes à ce soin important, ne pouvaient compter que sur les ressources propres de la commune, et elles s'ingéniaient, celles de Digne du moins, à les ménager sans compromettre l'instruction des enfants.

Sans nul doute, le concours annuel ne donnait pas la stabilité au personnel, mais il paraît en avoir assuré le bon recrutement, ce qui est capital. Il est certain, d'ailleurs, que, dans la pratique, le jury, composé d'hommes instruits, tenait compte des services déjà rendus au collège et qu'il n'éliminait par les bons régents désireux d'être maintenus à leur poste ; de plus, il savait mettre en relief les aptitudes des concurrents jeunes, par exemple celles d'un Gassendi.

Nous reconnaissons sans peine que l'organisation actuelle est bien préférable et que la fin de ce siècle marquera dans l'histoire par les progrès accomplis dans l'organisation et la diffusion de l'enseignement. Et, sans parler ici de l'instruction primaire, l'État, au moyen des examens du baccalauréat, de la licence, du doctorat et par les concours d'agrégation, recrute régulièrement des professeurs capables, auxquels il assure des situations honorables et définitives. Mais les bienfaits du présent ne sauraient nous rendre injustes pour le passé et nous faire méconnaître les efforts tentés jadis pour l'instruction et l'éducation des jeunes Dignois.

Reprenons notre analyse. Les classes sont de deux heures le matin et le soir. La rentrée a lieu le 18 octobre ; congé chaque jeudi, dans l'après-midi, depuis la rentrée jusqu'à Pâques, et toute la journée jusqu'à la fin de l'année classique ; composition le vendredi soir et le samedi matin ; vacances pour la rhétorique à partir du 25 août, pour la seconde avant le 1er septembre, pour la troisième avant le 8, et pour les autres classes avant le 21 (1). Depuis lors, les choses ont été bien changées ; nos écoliers ont deux mois, indépendamment des sorties, des congés du jour de l'an, de Pâques et de la Pentecôte : oserait-on dire qu'ils soient satisfaits ? On assure, d'ailleurs, qu'ils sont « surmenés » et qu'il y a urgence à leur donner des vacances plus longues et des classes plus courtes. Mais revenons à l'année 1748.

Le régent de rhétorique est préfet du collège et en a la direction effective. Tout nous indique que l'établissement ne recevait que des externes.

Il est recommandé aux maîtres de reprendre les élèves avec douceur et gravité, de ne recourir aux châtiments corporels que dans des cas exceptionnels et de ne pas négliger l'éducation proprement dite. Sur ce point, les conseils donnés rappellent ceux du « bon Rollin », dont on invoque l'autorité et dont « la manière d'enseigner » guidera les régents. De cette façon, MM. les consuls n'ont pas besoin d'entrer dans de longs développements ; le *Traité des Études* constituait, comme on dit aujourd'hui, une méthode et un programme.

---

(1) A Troyes, rentrée le 18 octobre ; vacances pour les logiciens le 13 août, pour les rhétoriciens vers le 24, pour les classes inférieures vers le 8 septembre. — A Sancerre, vacances du mercredi saint au mardi de Pâques, et du 15 septembre au 2 novembre. — Au Mans, collège des Oratoriens, les vacances commençaient dans la première semaine de septembre (1755). *Revue de l'enseignement secondaire et supérieur*, n° du 15 juillet 1885.)

Mais, d'autre part, les prescriptions relatives aux devoirs et à l'enseignement religieux sont établies avec précision et détail par l'autorité épiscopale et acceptées avec reconnaissance par les magistrats municipaux.

En somme, nous reconnaissons volontiers que les consuls et les conseillers dignois s'intéressaient très vivement aux études secondaires et qu'ils étaient animés d'intentions libérales. En effet, si aujourd'hui les théories de Rollin nous paraissent timides et entachées parfois de routine, il ne faut pas oublier que beaucoup de gens, au XVIIIe siècle, même parmi les universitaires, les regardaient comme hardies et dangereuses.

Nous ignorons quels furent les résultats de cette réorganisation des études et du personnel. Les documents nous font défaut jusqu'en 1763.

C'est à cette époque que l'on s'occupe à nouveau de construire des bâtiments plus spacieux. En réponse à une lettre du procureur du roy (près la communauté) datée du 13 mars 1763, les consuls publient un mémoire où il est dit que le collège comprend six classes jusqu'à la philosophie exclusivement, dirigées par six prêtres séculiers (1) désignés au concours ; on voudrait augmenter les revenus de l'établissement (2) en le réunissant au séminaire fondé par le testament de Me Pierre Gassendi du 1er décembre 1710 (3).

D'après M. Fisquet (4), ce séminaire occupait les bâtiments d'un ancien couvent des Frères de la Trinité et de la Rédemption des Captifs ; c'est là qu'on installera plus tard le collège d'une manière définitive.

---

(1) A quelle date les séculiers avaient-ils remplacé les religieux ? Nous l'ignorons.
(2) Le rédacteur ajoute : " L'époque de l'établissement de ce collège est tellement ancienne qu'on n'a pu la trouver. "
(3) Arch. com.
(4) *France pontificale*, p. 12.

Pendant cette période, le collège n'est pas inscrit sur l'état des charges et nous ne relevons que deux indications : le 3 avril 1781, mandat de 285 livres à MM. les régents pour les deux premiers quartiers : le 14 avril 1784, mandat de 292 livres 10 sols pour deux quartiers « d'honoraires » (1).

« En 1782, nous dit M. Bondil, le collège était au faubourg
» de Soleilhe-Bœuf, vers l'extrémité de la rue Mère-de-
» Dieu.....(2). C'est là qu'en 1652 la jeunesse du pays avait
» commencé de recevoir les doctes leçons de quatre
» Pères de la Compagnie de Jésus..... A peine arrivé dans
» son diocèse, M. de Villedieu, jugeant qu'il serait avan-
» tageux au collège et au séminaire (3) que ces deux
» établissements fussent réunis, autant du moins qu'il
» serait possible, fit agrandir les bâtiments des anciens
» Trinitaires, secondé en cela par la ville, qui, à la
» sollicitation de M. d'Esmivy d'Auribeau, maire en 1785,
» contribua pour une somme de 5,000 livres environ. Le
» collège fut donc réuni au séminaire, et il ne resta qu'une
» petite école dans la première maison (4). »

---

(1) Notons, en 1782, un mandat de 15 livres à Antoine Martin, maître d'école, pour moitié de ses gages. — (Arch. com., délibérations du conseil municipal, BB. 33.)

(2) Nous lisons dans un rapport (de 1808) à l'appui d'une demande en vue d'obtenir l'autorisation de vendre des immeubles communaux : " Le domaine „ de l'ancien collège, situé rue de Solleilhe-Bœuf, consiste en un bâtiment „ construit sur deux voûtes servant de cave, appartenant à deux particuliers. „ Il confronte du levant la maison de François Granoux, du midi le chemin, „ du couchant le jardin possédé par J.-B. Chaspoul et du septentrion la place „ dite du Collège. (Suit le nombre des pièces : deux au rez-de-chaussée, du „ côté de la place, quatre au 1er étage, par-dessus un galetas; surface, „ 120 mètres) .... La commune s'est décidée depuis plusieurs années à „ l'arranter „. (Loyer du dernier bail, 72 fr.) — En 1810, le 16 mars, cet immeuble fut vendu pour 2,600 francs à M. Joseph Raymond. (Arch. com., Registres des actes.)

(3) C'est seulement en 1807 que le grand séminaire fut transféré dans le couvent des Cordeliers, où il est encore.

(4) *Discours sur la vie de monseigneur Miollis*, p. 271.

La construction d'un nouveau collège fut donc résolue d'un commun accord entre les consuls et l'autorité épiscopale ; nous n'avons malheureusement pas retrouvé la délibération importante du 1er avril 1785, dans laquelle les conditions furent établies. Nous savons seulement ceci : l'architecte, M. Goby, toucha 190 livres pour le plan de construction, dont le devis s'élevait à 3,800 livres ; le 25 septembre 1785, le conseil d'État autorisa la communauté de Digne (suivant la délibération du 1er avril) à emprunter 6,000 livres « pour faire construire dans un emplacement » contigu au séminaire des salles destinées à recevoir les » enfants que les supérieurs seront chargés d'ensei- » gner (1) ». D'après les pièces communales, les dépenses soldées au 20 septembre 1786 s'élevaient à 6,400 livres.

Aussi, le 29 octobre, la délibération suivante était prise :

...... Après quoi, il a été représenté au conseil par messieurs les maire et consuls, de la bouche de Laserre, maire ; que, suivant le devis et adjudication, le nouveau collège devait être composé d'un rez-de-chaussée pour trois classes et d'un étage au dessus pour servir dans le cas où l'on admettrait à l'avenir quelques pensionnaires (2) ; que la clôture de la cour, portes et fenêtres et bien d'autres dépenses majeures n'étaient point comprises dans ce devis ; que Mgr l'évêque a bien voulu faire élever un second étage à ses dépens propres et personnels pour rendre l'édifice plus agréable et plus utile ; que les six mille livres délibérées se trouvent entièrement consommées et qu'il reste encore bien des choses à faire ; qu'à cette occasion les Srs consuls ont été remercier Mgr l'évêque et conférer avec lui sur les besoins ultérieurs de cet établissement, qu'il a été reconnu que la cour en fausse équerre était trop petite pour qu'on pût y placer un logement de portier ni aucun autre bâtiment qui pourroit être jugé utile à l'avenir sans masquer l'édifice principal et occuper une grande

---

(1) Arch. com. — Le rapport d'estime des jardins achetés au Pied-de-Ville s'élevait à 1,550 livres.
(2) Il est ici question pour la première fois d'un pensionnat.

partie de la cour, et qu'il serait bien nécessaire d'allonger cette cour de vingt-six pieds du côté de la Bléone. — De plus, il a été encore observé que le petit passage dû au public et l'égout des eaux corrompues toucheraient immédiatement l'encognure du bâtiment du collège, ce qui seul est un inconvénient majeur pour une maison d'éducation et qu'il serait bien important d'acquérir non seulement les vingt-six pieds dans toute la longueur correspondante au terrain actuel du collège, mais encore, pour éviter qu'à l'avenir des constructions trop voisines du collège n'en rendent l'habitation désagréable ou malsaine, il serait encore nécessaire d'acquérir les trois jardins contigus sçavoir celui appartenant à madame de Brenon, celui de Saurin, maréchal à forge, et celui de Bouffigue, ferblanquier, et de donner l'écoulement des eaux et le passage derrière les murs qui enclorront ces terrains. Toutes lesquelles choses reconnues très importantes au bien général, messieurs les consuls ont représenté à Sa Grandeur qu'il était impossible dans ce moment de proposer à la communauté une dépense aussi grave que l'acquisition des terrains susdits, et les enclotures qui en sont la suite. Sur quoi Mgr l'évêque leur a répondu que, persuadé du grand bien religieux, civil et politique qui doit résulter de la renaissance d'une bonne éducation publique (1), il se ferait un plaisir de témoigner dans cette occasion à la communauté de Digne et au diocèse son attachement et bonne volonté; qu'en conséquence, si messieurs les consuls fesaient les acquisitions ci-dessus expliquées, il consentait à en payer le montant de ses deniers, et que même il les ferait enclorre de murs; mais à une condition qui lui semble raisonnable et tendante au bien général. C'est à sçavoir que tout le terrain à acquérir qui servira à allonger la cour du collège jusques vis-à-vis l'encognure dudit collège la plus au nord, appartiendra à perpétuité audit collège sans pouvoir être aliéné, et que tout le terrain derrière le mur dudit collège exposé vers le nord, à partir dudit mur jusques et compris les trois jardins ci dessus dénommés, appartiendra au séminaire, que la ville en payera l'amortissement s'il y a lieu, et que

---

(1) Sentiments à noter et qui portent la marque de l'époque.

le cas arrivant où le séminaire ne serait plus chargé de l'enseignement et manutention du collège, il sera fait un mur de l'encognure ci-dessus désignée allant directement au mur de cloture suivant la direction dudit mur du nord. Dans le cas cy-dessus prévu où le collège cesserait d'être gouverné par le séminaire, ce dernier établissement continuera de jouir du second étage du dit collège, mais à la charge par le séminaire de pratiquer un passage pour aller du séminaire audit second étage réservé, sans aucune autre communication avec le collège dont l'escalier montant audit second étage sera fermé par une cloison en platre ou buget ; le séminaire serait tenu de toutes réparations dudit étage seulement, suivant l'usage en pareil cas, les murailles et couvertures demeurant à la charge du collège (2).

Nous ne pouvons rien dire sur l'organisation des études, ni sur le recrutement du personnel, dès l'installation du collège au bout de la rue Pied-de-Ville ; combien y avait il de régents en dehors des professeurs du grand séminaire ? A qui appartenait la direction effective ? Nous ne saurions rien préciser. Mais il convient de remarquer avec quelle bonne grâce l'autorité épiscopale facilita aux magistrats municipaux la création du nouvel établissement. L'on était à la veille de la Révolution.

---

(2) Arch. com, BB. 33.

IV.

Période révolutionnaire.

1787-1804.

Les débuts de la Révolution n'amenèrent aucun trouble à Digne, et les écoliers purent à l'aise continuer leurs études dans le nouvel établissement. Le 8 juillet 1790, un décret de l'Assemblée nationale fixa « irrévocablement » à Digne le siège épiscopal, le séminaire et le collège.

Le 14 janvier 1792, le conseil municipal « délivre » un mandat de 500 livres aux régents. Il y a plus : le 21 octobre de la même année, le maire, plein de sollicitude pour les études, expose au conseil qu'on attend « avec impatience « l'organisation de l'éducation nationale », mais, comme elle tarde à venir et que le temps de l'ouverture des classes approche, il propose d'ouvrir le collège comme par le passé ; « la municipalité et le conseil général distribueront » les places au concours dans une séance publique ; » le premier régent aura 350 livres, le deuxième 300 et le troisième 250 ; les écoliers payeront 20 sols par mois ; sur les 100 livres qui restent (de l'allocation de 1,000 livres), on distribuera des prix aux élèves et une gratification aux professeurs.

Si les magistrats étaient si bien disposés à l'égard des maîtres du collége, c'est qu'ils avaient donné des gages aux idées nouvelles, comme le prouve la pièce ci-dessous :

Prestation de serment des sieurs professeurs du collège de la commune.

Ce jourd'huy, 27 mars 1791, jour de dimanche, à sept heures du matin, après la S*te* Messe et dans l'église principale de cette dite ville. En présence du conseil général de la commune et des fidelles assemblés, les sieurs Guieu, Martin et Jaume, tous les trois prêtres et professeurs du collège de cette commune, ont dit qu'en exécution du décret de l'assemblée nationale du 27 novembre dernier, sanctionné par le roi le 26 décembre suivant, et publié en cette municipalité le 30 du mois de janvier dernier, ils s'empressoient de prêter le serment civique prescrit par le dit décret, et de fait les dits sieurs Guieu, Martin et Jaume, chacun individuellement, après avoir exprimé à la grande satisfaction des assistants un sincère dévouement à la nouvelle constitution, ont prononcé à haute et intelligible voix et la main levée le serment solennel « de remplir leurs fonctions avec » exactitude, d'être fidelles à la nation, à la loi et au roi, et de » maintenir de tout leur pouvoir la constitution décrétée par » l'assemblée nationale et acceptée par le roi ».

Ce fait, et aucun ecclésiastique ne se présentant plus pour prêter le même serment, avons, nous, maire, officiers municipaux et notables, dressé le présent procès verbal et avons signé, à Digne, le dit jour et an que dessus.

Et avant se retirer serait comparu sieur Antoine Juglar, eclésiastique et un des régents des écoles de cette ville, qui nous a prié de recevoir le serment..... *(Suivant la même formule que ci-dessus.)*

Mais, en 1793, la ville de Digne fut menacée dans la possession de son collège au profit de Manosque ; le conseil général de la commune envoya, le 13 mars, à la Convention nationale une adresse dans laquelle elle démontrait longuement et avec passion que « la centralité, » la population, la contribution et les motifs de convenance, » tout concourait à faire établir à Digne l'institut

» principal proposé pour le département (1) ». Tout alla pour le mieux, puisque Digne garda son collège et que la ville de Manosque finit par avoir le sien.

Dans le tableau des charges de la ville dressé le 2 février (1793), sur un total de 13,564 livres, la régence des écoles (primaires) figure pour 150 et celle du collège pour 1,000. De plus, le 27 juillet, le conseil décide qu'on écrira à Olivier, diacre à Moustiers, pour lui offrir la régence « des petites écoles » et un logement gratuit au collège (2).

Toutefois les troubles suscités par la révolution amènent le licenciement des élèves et l'interruption des études secondaires ; mais nous ne pouvons en préciser la date. Le 22 octobre 1796 (3), la municipalité traite avec le citoyen Jacques Honnorat, du Brusquet, « pour faire » construire une fabrique de savon dans le local du ci- » devant collège », soit trois magasins au rez-de-chaussée et trois pièces au premier étage, pour trois années, au prix annuel de 200 livres « en espèces métalliques ». Comme le « domaine » a été dégradé par défaut d'entretien, Honnorat y fera les réparations nécessaires en déduction du loyer (4).

Le 30 mars 1797, le second étage est encore loué pour

---

(1) Voir, aux pièces justificatives (I), l'adresse à la Convention.

(2) Voir, aux pièces justificatives (II), un document curieux relatif à la surveillance exercée par la municipalité sur les enfants qui fréquentaient les écoles et le collège en 1794.

(3) 1er brumaire an V. (Arch. com , Registres des actes.)

(4) Il est probable que le collège était fermé depuis assez longtemps. Ajoutons que ledit Honnorat est autorisé " à faire boucher les issues qui „ aboutissent au ci-devant séminaire, à l'effet d'empêcher que les enfants ne „ continuent d'en faire un cloaque et particulièrement les toits où ils avaient „ établi leur théâtre d'amusement „. M. Fisquet assure que, pendant la Révolution, le collège " devint la prison des prêtres qui refusaient de participer „ au schisme „ et que, plus tard, on y logea des soldats. (*France pontificale*, p. 12.)

trois ans à Etienne Jourdan, « chandellier », pour 50 livres en numéraire. Le 30 avril 1800, le même citoyen était déclaré adjudicataire à 250 francs, pour la même durée.

Arrivés au seuil du XIXe siècle, nous croyons qu'il est bon de jeter un regard en arrière et de rappeler les lois d'enseignement votées pendant la Révolution ; notre récit y gagnera (1).

La Convention avait voté, en 1793 (30 mai), un décret relatif à l'établisement des écoles primaires.

Le décret du 29 frimaire an II (19 décembre 1793), ou décret Bouquier, assura la liberté et la gratuité de l'enseignement primaire, mais ne s'occupa point de l'enseignement secondaire et supérieur, qui étaient abandonnés à l'initiative privée.

Sur la proposition de Lakanal, le décret du 7 ventôse an III (25 février 1795) créa les écoles centrales pour donner le second degré d'instruction.

Le 25 octobre 1795, Dannon fit voter une loi organique (3 brumaire an IV) qui diminuait l'importance des écoles centrales et consacrait l'existence des écoles spéciales.

Sous le Consulat, la loi du 1er mai 1802 (11 floréal an X) supprima les écoles centrales et les remplaça par les écoles secondaires (ou collèges communaux) et les lycées (2).

Nous venons de constater que les bâtiments du collège avaient été loués depuis 1796 jusqu'en 1803. Mais il est certain que le dernier bail fut résilié dès 1800, ou tout au moins en 1801, puisque, le 25 mai 1802, le conseil général des Basses-Alpes demandait le maintien de *l'école centrale* existante, menacée par un projet d'école secondaire. A quelle date cette école avait-elle été

---

(1) Musée pédagogique, n° 71.
(2) Plus tard, loi du 20 mai 1806, créant l'Université impériale, et décret du 17 mars 1808, organisant l'Université. (Voir *le Collège de l'Arc*, pp. 125 et suivantes.)

fondée (1) ? Nous ne saurions le dire. Mais la délibération du conseil général nous fournit un certain nombre d'indications importantes (2) : c'est le premier établissement créé pour donner aux enfants « l'instruction dont » ils étaient privés depuis la Révolution » ; un pensionnat y est annexé et la pension est modique ; il est dirigé par trois professeurs, un pour les langues anciennes et modernes, un pour les mathématiques et un pour le dessin, et l'on en demandera deux de plus pour enseigner l'histoire naturelle, avec les éléments de l'agriculture, et les belles-lettres. Dans les écoles secondaires, l'instruction sera « trés bornée », et le personnel moins capable, puisqu'il dépendra du nombre des élèves. Le conseil général demande donc formellement que l'on maintienne l'école centrale, en y apportant des améliorations et en fixant à cinq ou à six le nombre des professeurs.

Ce vœu fut adopté. Le 18 avril 1803 (28 germinal an XI), Fourcroy, ministre de l'instruction publique, écrivant au préfet, applaudissait aux succès des élèves de l'école centrale, mais ne pouvait accueillir la demande qu'il avait faite d'un lycée : « L'intention du gouvernement, » disait-il, est de ne former pour le moment de ces » établissements que dans les communes d'une population » supérieure à celle de Digne. » Quand la suppression de l'école centrale serait décidée, la ville pourrait la remplacer par une école secondaire (3).

C'est dans le courant de l'année suivante que l'école centrale fut transformée ; elle avait duré environ quatre ans (4).

---

(1) Elle occupait les bâtiments du collège.
(2) Voir aux pièces justificatives (III).
(3) Archives départementales, série T. 1.
(4) De 1800 (ou 1801) à 1804.

V.

Dernière période.
École secondaire et collège.
1804-1886.

L'école secondaire fut créée par un décret de Napoléon 1er (15 thermidor an XII, ou 3 août 1804) (1). L'article 2 portait : « Les bâtiments de l'ancien séminaire et collège, actuellement occupés par l'école centrale, dont la suppression est définitivement arrêtée au 1er vendémiaire prochain, sont concédés à cette commune pour l'usage de son école secondaire (2). » Le 13 décembre, un arrêté du préfet autorisait la ville à consacrer 3,000 francs au traitement de trois nouveaux professeurs (belles-lettres, mathématiques et dessin), outre les trois maîtres en activité, « afin de la mettre à même de former un jour un pensionnat, conformément aux intentions du gouvernement ».

---

(1) Daté du Pont-de-Brique (dans le Pas-de-Calais, près de Boulogne).

(2) Le 13 juillet 1811, M. Martel, receveur de l'enregistrement et des domaines à Digne, fit, en vertu de ce décret, remise au maire " de la propriété „ d'un bâtiment, jardin, église, deux bassecours, patègues (emplacement) et „ toutes leurs dépendances, le tout contigu, situé au quartier du Pied-de-Ville, „ provenant tant du séminaire, de l'ancien évêché que du collège...... „ (Arch. départ.)

En 1805, l'établissement, dirigé par M. Pary, prêtre, compte quatre professeurs ; les externes payent aux régents une rétribution variant de 2 à 3 francs par mois. L'année suivante (3 août), le bureau d'administration désigne lui-même (1) M. Rippert comme directeur, pour remplacer M. Pary, décédé ; le 30 septembre, il approuve un prospectus annonçant qu'un pensionnat sera établi près de l'école et il fixe le prix de l'internat à 450 francs (2). Nous n'avons pas d'autres renseignements à fournir, sinon qu'en 1808 un arrêté préfectoral délègue les maires de Digne et de Seyne pour visiter les écoles secondaires de ces deux villes.

A partir de 1811, le directeur de l'établissement est appelé principal. Quant au pensionnat, il ne réussit pas du premier coup, puisque en 1812 nous ne trouvons que des externes (au nombre de quarante-deux) dirigés seulement par deux professeurs, au traitement de 950 francs ; le budget s'élève en recettes et en dépenses à 2,416 francs. Néanmoins le bureau d'administration demande au recteur de l'Académie d'Aix « un professeur de rhétorique qui serait en même temps directeur ». Le principal, M. Marie, sollicite, en 1814, un quatrième professeur ; son administration n'est pas heureuse ; en 1816, le collège a fort peu d'élèves et une partie des bâtiments est occupée par les ateliers de la légion de la Lozère, en garnison à Digne. Mais M. de Fontanes, prié par l'évêque de transformer le collège en une école secondaire ecclésiastique, répond que l'établissement restera collège communal.

---

(1) En 1765, à Dôle, le bureau avait la haute main sur les finances et le personnel. (*Le collège de Dôle*, p. 89.)

(2) Arch. com., Registre des délibérations du bureau d'administration de l'école secondaire.

— 59 —

En 1817. le bureau d'administration (1) demande le déplacement de M. Marie ; il invite le conseil municipal « à doter le collège d'une manière convenable et progres-» sive », afin que les élèves ne payent pas plus de 2 fr. 50 c. par mois ; le directeur, outre sa classe, sera préfet (des études) ; il y aura deux heures de classe matin et soir, une heure d'étude le matin et le soir ; les élèves seront conduits aux offices de la paroisse - les dimanches et les fêtes. Le conseil approuve ces vœux et ce règlement.

M. Geory (2), professeur au collège de Lorgues, dans le Var, est nommé principal sur la proposition du bureau ; son administration est prospère et dure jusqu'en 1827. Pendant cette période, nous relevons une réclamation du recteur, revendiquant, au nom de l'Université, la propriété du bâtiment contigu au collège et connu sous le nom de séminaire et chapelle (3). Le 18 juin 1818, M. du Chaffaut, maire, adresse un mémoire au préfet pour réfuter cette prétention : « Il faut, dit-il, distinguer le bâtiment dit le » collège d'avec celui du séminaire. Le collège fut bâti » en 1785 et 1785, aux frais de la ville. » Le bâtiment du séminaire fut détourné de sa destination première pour servir tantôt de logement à la gendarmerie, tantôt de magasins militaires, tantôt pour le culte... « Le décret » du 15 thermidor an XII (4) concède à la ville le bâtiment » de l'ancien séminaire et collège pour l'usage de son école » secondaire ; quant au bâtiment du collège, cette conces-» sion était inutile, puisqu'il était déjà la propriété de la » commune. »

---

(1) Membres : MM. de Villeneuve, président, le maire, Hesmivi de Berre, Roustan, Pierre Aillaud, Grassy (9 janvier).

(2) A laissé une traduction en vers des *Géorgiques* de Virgile, plus tard a été juge de paix à Digne, où il est mort dans un âge très avancé. — Voir la liste des principaux aux pièces justificatives (IV).

(3) Chapelle actuelle du collège.

(4) Nous en avons parlé plus haut.

En 1820, le collège a soixante élèves, quatre professeurs et un maître d'études ; le traitement du principal est de 800 francs. En 1823, un crédit de 80 francs est affecté à la distribution des prix ; il y a six professeurs ; le principal est chargé de la rhétorique (1). En 1827, nous comptons cent quatre élèves, dont quarante-quatre pensionnaires ; pour maintenir cette prospérité, le conseil municipal, sous l'administration de M. du Chaffaut, vote environ 20,000 francs applicables à des travaux de réparation.

En 1831, un arrêté du recteur réorganise le bureau d'administration et désigne MM. du Chaffaut, Bassac, Soustre (2), Raymond et Yvan. En 1834, le crédit affecté à la distribution des prix est de 200 francs. Le 24 novembre 1835, le bureau proteste énergiquement contre le projet de translation du petit séminaire de Forcalquier à Digne. En 1838 (3), nous comptons quatre-vingt-onze élèves, dont vingt-cinq pensionnaires ; l'on s'occupe enfin de l'enseignement des sciences physiques, et un crédit de 500 francs est demandé pour achats d'instruments ; le personnel est de sept professeurs (4).

De 1839 à 1849, nous avons peu d'événements à signaler. Une ordonnance royale du 21 novembre 1841 annexe aux collèges communaux les écoles primaires supérieures

---

(1) En 1823, M. Hippolyte Fortoul, né à Digne, était élève de troisième en qualité d'externe. Il fut plus tard doyen de la Faculté des lettres d'Aix, député des Basses-Alpes et ministre de l'instruction publique.

(2) Père de M. Marius Soustre.

(3) Voir, aux pièces justificatives (V), les sujets de discours de distribution de prix.

(4) Régent de mathématiques, M. de Salve, plus tard recteur d'académie à Alger ; dans les classes élémentaires, M. Granet, plus tard inspecteur d'académie du département de Vaucluse. — Élèves : Camoin, peintre ; l'abbé Bayle, vicaire général de l'archevêché de Paris ; général Payan ; Cotte, conseiller à la cour d'Aix ; Gorde, directeur de l'enregistrement ; docteur Fruchier ; docteur Rebory ; docteur Baudisson ; Pons, plus tard secrétaire de Sainte-Beuve ; Soustre, sénateur, maire de Digne, etc.

et place les directeurs sous l'autorité des principaux ; mais c'est seulement en 1844 que le conseil municipal vote l'annexion au collège de l'école supérieure dirigée par M. Gibert. L'année suivante, une chaire d'histoire est fondée à l'aide d'une allocation de 1,200 francs donnée par l'État (1). En 1847, la création d'un cabinet de physique est décidée par le conseil et approuvée par le recteur. L'année 1848, nous remarquons une plainte du recteur au préfet, au sujet des troupes qui avaient été logées au collège. En 1849, l'enseignement classique était donné par neuf régents ; il y avait, de plus, un professeur de langues vivantes (M. Menc) et un professeur d'enseignement spécial (M. Bressant), directeur de l'école primaire supérieure annexée (2).

La réaction qui précéda et suivit le coup d'État eut son contre-coup au collège de Digne ; l'administration supérieure choisit des hommes dévoués à l'Empire pour diriger l'enseignement. Immédiatement après le vote de la loi du 15 mars 1850, M. l'abbé Fortoul, principal, avait été nommé recteur départemental. Les professeurs suspects de libéralisme étaient révoqués, ou tout au moins surveillés de près ; dans les discours de distribution de prix, épurés soigneusement, on interdisait aux orateurs d'admirer même le style de Jean-Jacques ou de Voltaire ; défense de fréquenter les cafés, de danser les jours de fêtes et même de donner des leçons particulières ; ordre formel de se raser la barbe et d'assister aux offices religieux ; enfin tracasseries de tout genre et de tous les instants.

En décembre 1851, l'insurrection contre la violation de

---

(1) En 1846, cent quarante-deux élèves, dont soixante pensionnaires. — Voir les élèves lauréats aux pièces justificatives (VI).

(2) Les écoles primaires supérieures ont été créées par la loi du 28 juin 1833, puis supprimées en fait par celle du 15 mars 1850 et rétablies par le décret du 15 janvier 1881.

la Constitution républicaine troubla et suspendit les études (1) pendant quelque temps, puis elles reprirent péniblement leur cours ordinaire. M. Fortoul, devenu ministre de l'instruction publique, s'intéressa au collège, où il avait fait une partie de ses études, et augmenta les allocations de l'État (2); il fit même des propositions à la municipalité pour l'établissement d'un lycée; on m'assure qu'il chargea (signe des temps) un général, M. Carrelet, envoyé en inspection politique dans les Basses-Alpes, de prendre des notes sur la situation du collège; mais ce projet (sur lequel nous reviendrons plus loin) n'aboutit pas.

En 1855, le personnel comprenait le principal et dix professeurs; en 1859, le budget était ainsi formé : la ville, 6,380 francs ; l'Etat, 4,700 francs ; le principal, 8,700 francs ; total, 18,780 francs (3).

Nous notons, en 1861, la création d'une nouvelle chaire de français (4). En 1868, les traitements sont relevés et

---

(1) Cent vingt-cinq élèves.

(2) En 1853, la chaire de mathématiques est payée par l'État (1,500 francs); en 1856, une deuxième chaire est créée dans les mêmes conditions. Une somme de 5,000 francs est affectée à des réparations.

(3) L'internat a été de tout temps au compte des principaux.

(4) Professeurs pour cette période : M. Colomb, professeur au lycée de Toulon; Mogniat-Duclos, proviseur du lycée de la Rochelle; M. Roger, inspecteur d'académie à Albi; M. Berlioux, professeur à la Faculté des lettres de Lyon; M. Chabrier, professeur de rhétorique au Lycée Louis-le-Grand; M. Pons (voir la notice que j'ai publiée à l'imprimerie Barbaroux, Chaspoul, et Constans à Digne); M. Ferry, principal à Draguignan; M. Berlie, principal à Barcelonnette; M. Imbert, principal à Clamecy; M. Jaubert, professeur au lycée de Marseille; M. Pinoncély, directeur de l'école normale de Draguignan; M. Ygler, inspecteur d'académie. — Elèves : Garcin, avocat; Bongarçon, colonel du génie; L. Roustan, professeur à l'école de pharmacie de Marseille; Allard, colonel; Allard, général; Sauva et Garron, élèves de l'École polytechnique; A. Imbert, agrégé des Facultés de médecine, professeur à Montpellier, etc.

forment un total de 15,800 francs pour onze maîtres ; le collège prospère, sous la direction de M. Bénit.

Nous arrivons rapidement aux dernières années du collège ; elles ne sont marquées par aucun événement important. De sérieuses réparations sont faites aux bâtiments en 1882 (5,000 francs) ; l'enseignement se complète peu à peu et s'adapte aux exigences contemporaines et aux nouveaux programmes d'études. Cette période, d'ailleurs, est trop près de nous pour qu'il soit nécessaire d'entrer dans aucun détail, et il ne convient pas de juger des personnes encore vivantes et mêlées aux affaires administratives (1).

Avant de dire adieu à ce collège où ont enseigné tant de maîtres distingués et où ont été formées tant de générations d'élèves dans les études secondaires, il faut indiquer ce que sont devenus les bâtiments construits en 1786, agrandis successivement et abandonnés un siècle après, le 1er août 1887.

A la suite d'une décision du conseil général adoptant le transfert à Digne de l'école normale d'instituteurs de Barcelonnette, le conseil municipal de Digne, dans la séance du 26 août 1888, conformément à ses résolutions antérieures sur la cession des bâtiments du collège pour l'installation de l'école normale, a pris l'engagement de contribuer pour la moitié aux dépenses que l'internat pourrait mettre à la charge du département ; il a ensuite prié M. le préfet d'ordonner l'exécution immédiate des travaux.

Un arrêté ministériel du 27 septembre a ordonné le transfert de l'école, qui a été ouverte au mois d'octobre.

---

(1) Elèves : Hugues, avocat ; docteur Romieu ; R. Fruchier, avocat ; Tartanson, avocat ; Paul et Auguste Dou, ingénieurs ; Félicien Champsaur, romancier ; docteur Rebory fils ; André de Gaudemar, avocat ; E. Arnaud, avocat ; docteur G. Colte ; docteur Aubert ; MM. Martin, Canton, Salvagy, Nehc, G. Arnaud, professeurs licenciés, etc.

DEUXIÈME PARTIE

LE LYCÉE

I.

Projet d'un lycée sous le ministère Fortoul.

1854.

Le 10 janvier 1854, le conseil municipal se réunit pour délibérer sur la transformation du collège en lycée ; M. Bailly, recteur départemental, et M. de Bouville, préfet, assistent à la séance. M. Allibert, maire, expose que le ministre de l'instruction publique, M. Fortoul, a proposé à la municipalité de créer un lycée à Digne. Le recteur donne ensuite quelques renseignements : en utilisant le mobilier et les bâtiments actuels, la dépense s'élèverait à 103,000 francs ; mais il faut prévoir une somme plus élevée. Le conseil vote 120,000 francs.

Le projet semble en voie d'aboutir promptement, mais des difficultés imprévues surgissent. Le 10 février, le préfet écrit que la Caisse des dépôts et consignations fait des conditions onéreuses à la ville pour un emprunt. Le conseil nomme une commission chargée de réduire les dépenses de construction.

Le 17 du même mois, sur l'avis de cette commission, estimant qu'il n'y a pas lieu de modifier les décisions déjà prises, le conseil vote une deuxième fois la somme de 120,000 francs.

Mais, le 25, le préfet, invitant le maire à convoquer le

conseil municipal et les plus fort imposés (1) pour ratifier ce vote, présente des observations sur la situation financière de la ville, qui a déjà plusieurs projets en voie d'exécution. Le 10 mars, après une longue discussion, le maire met aux voix la question suivante : « L'assemblée » veut-elle voter un emprunt de 120,000 francs et une » imposition extraordinaire de 20 centimes pour l'établis- » sement d'un lycée ? » Sur la demande de plusieurs membres, on a recours au scrutin secret, et la proposition est rejetée par 21 voix contre 12. Le projet avait avorté.

Il est juste toutefois de reconnaître que la municipalité avait fait preuve d'une bonne volonté incontestable et d'une activité peu commune, puisque les négociations n'avaient duré que deux mois. Vingt-huit ans plus tard, l'affaire devait être reprise et menée à bonne fin.

---

(1) Vingt conseillers et seize propriétaires.

II.

Création du Lycée.

1882-1887.

C'est le 14 août 1882 que le conseil municipal fut assemblé à l'hôtel de ville pour délibérer sur la création d'un lycée de garçons, sous la présidence de M. Soustre, maire.

Étaient présents :

MM. F. Mariaud.
A. Marrot.
M. Mistre.
J.-B. Remusat.
J. Dou.
Louis Conte.
J. Teston.
Jules Blanc.
J.-E. Aubert.
F. Gassend.

MM. É.-V. Roux.
J. Blanc.
Jules Arnoux.
Ch. Romieu.
F. Sièyes.
C. Chauvin.
A. Meynier.
A.-P. Fabre.
J. Autric.
J. Gassend.

Absents : MM. A. Colomb et A. Vial, qui s'étaient fait excuser.

M. le maire présenta la proposition suivante :

Messieurs,

Au mois de mai dernier, j'avais l'honneur de vous exposer que notre ville ne pouvait se relever et trouver les éléments d'une prospérité nouvelle que dans le développement des établissements d'instruction. Je vous soumettais en même temps un projet d'organisation pour le cours secondaire de filles. Vous êtes entrés dans mes vues et vous avez approuvé mes propositions à l'unanimité. Quelques jours après, le 1er juin, grâce à la libéralité de l'État et au zèle de l'administration académique, les cours étaient inaugurés, de telle façon que la prospérité en est assurée dès aujourd'hui.

De plus, notre école primaire de garçons va être mise en adjudication; nous nous sommes occupés d'un emplacement pour l'école primaire de filles, qui compte déjà cent élèves, mais dont l'installation ne saurait être que provisoire. Ajoutez à cela que les travaux de l'école normale de filles vont être commencés bientôt aux frais du département et de l'État.

Toutes ces améliorations profiteront non seulement à l'instruction, mais encore au bien-être matériel de notre cité.

Pour achever cette série de travaux que nous avons projetés ensemble, pour faire de Digne véritablement un centre universitaire, il nous reste à tenter un coup hardi et sage à la fois. Ce sera notre mérite le plus indiscutable devant nos concitoyens et nos successeurs, si nous réussissons, et, si nous échouons, on nous rendra cette justice que nous avons fait notre devoir en essayant. Je veux parler de l'établissement d'un lycée de garçons.

Pour être clair dans une proposition de cette importance, j'exposerai d'abord les arguments d'ordre administratif; en second lieu, je traiterai la question purement financière.

Sans doute, notre collège communal a d'honorables états de service, et je ne médirai jamais de l'établissement où moi-même et beaucoup d'entre nous avons fait nos études. Mais les progrès de la science et la rénovation des méthodes amènent des changements inévitables. Notre modeste collège autrefois était à peu près suffisant: il est aujourd'hui hors d'état de faire face aux exigences de l'instruction secondaire, bien que, chaque année, il en sorte des bacheliers. De plus, on a créé dans les Basses-Alpes des établissements nouveaux.

Le système qui réduit les principaux à faire quelquefois les commerçants amène avec lui des abus inévitables et que vous connaissez bien; je me hâte de dire que ces abus sont imputables au système lui-même plutôt qu'aux personnes honorables qui dirigent un collège dans de telles conditions. De plus, le personnel est trop restreint; toutes les classes sont doublées, ce qui n'a pas lieu ici à côté de nous (1). Il n'y a, chez nous, que douze professeurs, quinze fonctionnaires en tout, avec le principal et les surveillants. Un lycée, quelque modeste qu'il soit, comporte au moins trente personnes, professeurs et surveillants.

Si notre collège n'est pas transformé en lycée, l'État et la force des choses nous imposeront des améliorations nouvelles dans le personnel, les bâtiments et le matériel; sans doute, nous aurons des subventions, mais elles seront proportionnelles aux sacrifices que nous aurons faits nous-mêmes. C'est un argument qui me paraît capital et que je recommande à votre attention. Avec le collège, nos dépenses iront toujours en s'aggravant, tandis que, si la création d'un lycée exige des sacrifices considérables, on les fait en quelque sorte d'un seul coup et pour n'y plus revenir.

Tout fait présumer que le Gouvernement sera amené à proposer un lycée par département. Ai-je besoin de dire que Digne, étant le chef-lieu et un point central, ayant un collège de plein exercice, sera, si nous le voulons, choisie de préférence pour l'établissement d'un lycée? Vous ne vous laisserez pas devancer, je l'espère, par aucune autre ville du département. Il importe donc que nous demandions pour notre ville l'avantage et l'honneur du lycée et que nous le demandions tout de suite. D'ailleurs, les formalités seront multiples, et les plans sont longs à faire. Ainsi, à Gap, entre la date de la première délibération du conseil municipal et le décret ordonnant la création, il y a un intervalle de deux ans et trois mois; à Aix, l'intervalle n'a été que de dix-huit mois.

Faut-il vous rappeler que notre département a toujours occupé un rang honorable dans les statistiques faites sur l'instruction en général? Il convient de ne pas déchoir et de ne pas nous laisser dépasser par des départements qui n'ont guère plus d'importance que le nôtre. La Corse va avoir deux lycées; l'Ardèche, les Landes, la

---

(1) Au Petit Séminaire.

Creuse en ont un ; les Hautes-Alpes, la Corrèze et le Cantal en auront un bientôt. Il ne reste plus que la Lozère et les Basses-Alpes. A mon avis, pour l'honneur de notre pays et du chef-lieu, nous ne devons pas rester plus longtemps en dehors de ce mouvement.

Quand l'école normale de filles aura été construite et que nos cours secondaires auront pris l'extension que nous en attendons, notre personnel enseignant sera-t-il suffisant, en tant que nombre du moins, pour donner des leçons si multiples en dehors du collège? Je ne le crois pas.

Ici, on pourrait me faire l'objection suivante : « Notre département est pauvre ; la pension et l'externat du lycée seront à des prix trop élevés ; les avantages d'un lycée ne profiteront qu'aux familles les plus aisées. » Ma réponse sera décisive, le Gouvernement de la République a prévu le cas ; les prix de la pension et de l'externat varient suivant l'importance et les ressources de chaque région.

Ainsi, au lycée d'Aix, d'après le décret du 4 septembre 1880, les prix seront les suivants :

Pension : 700, 750, 800 francs par an ;
Externat : 100, 125, 150 francs.

Le décret qui s'applique au lycée d'Aurillac est bien différent (11 janvier 1882) :

Pension : 600, 550, 500 francs par an ;
Demi pension : 400, 350, 300 francs ;
Externat : 80, 70, 60 francs.

Nous obtiendrons, je l'espère du moins, les mêmes conditions que la ville d'Aurillac. L'État, sans doute, tiendra compte de l'exiguïté des ressources dans notre département et mettra à la portée du plus grand nombre l'accès de notre lycée.

L'on peut se demander maintenant si notre futur lycée aura des élèves en nombre suffisant et s'il nous rendra en proportion de nos sacrifices. Je réponds oui, sans hésiter. Notre ville est un point central où aboutissent les routes principales et le chemin de fer ; une foule de gens sont obligés d'y venir pour des affaires de toute nature.

D'après un tableau qui m'a été fourni, les établissements d'instruction secondaire des Basses-Alpes comptent environ, à l'heure qu'il est, quatre cents pensionnaires et huit cents externes. Le chiffre des externes est considérable parce qu'il comprend beaucoup d'élèves des classes primaires annexées à divers collèges. D'après ces données, je crois qu'il conviendra de faire un avant-projet de lycée dans les proportions suivantes :

200 pensionnaires.
50 demi-pensionnaires.
150 externes.

Total....... 400 élèves.

L'État n'autorise la construction que pour ce chiffre minimum de 400. Tout nous fait espérer que notre futur lycée aura une population de 300 élèves au moins, dans les premières années.

Vous parlerai-je des avantages généraux qui résulteront de la construction projetée? Le niveau intellectuel s'élèverait bientôt dans notre pays ; nous aurions un établissement modèle où l'on pousserait les études classiques plus loin que le baccalauréat, où les jeunes gens qui se destinent au commerce ou à l'industrie trouveraient un enseignement en quelque sorte universel. Comme les élèves sont entassés outre mesure dans les grands lycées, beaucoup de familles des villes du Midi enverraient leurs enfants à Digne.

Nous aurions un personnel de professeurs distingués qui suffirait amplement aux cours qui sont faits en dehors du collège ; des conférences publiques seraient organisées sans peine au profit des ouvriers, des industriels et même des gens du monde, de façon à rehausser le niveau des connaissances générales et à inspirer de plus en plus à nos concitoyens le goût de l'étude et des expériences scientifiques.

Ainsi, Digne deviendrait un centre intellectuel, avec ses cours de sciences et de lettres, avec son école normale, ses cours secondaires de filles, avec les examens de toutes sortes qui ont lieu à la préfecture et dont la proportion s'accroît sans relâche, puisque, en 1876-1877, les candidats étaient 405 et, en 1881-1882, ils ont atteint le chiffre de 705.

Messieurs, de telles créations sont durables, on peut même dire indestructibles. Elles assureront, n'en doutez pas, la prospérité de Digne pour l'avenir.

Permettez-moi maintenant de passer à la question financière et veuillez m'excuser si je fatigue si longtemps votre attention bienveillante. Le sujet en vaut la peine.

Eh bien! la construction d'un lycée coûte, en moyenne, 1 million 700,000 francs; celui de Gap a coûté 1 million 800,000 francs. Je crois que le nôtre ne coûtera que de 1 million 200,000 à 1 million 500,000 francs; l'architecte chargé du devis me fait espérer cette réduction. Généralement l'État ne contribue que par moitié à la dépense ; mais, vu l'exiguité des ressources du département des Basses-Alpes et la pauvreté de notre commune, j'espère qu'il se montrera plus généreux.

Voici donc les conditions dans lesquelles je vous propose de tenter cette grande entreprise. Nous offrirons 400,000 francs, et nous demanderons au département, aussi intéressé que nous à la construction de ce lycée, un sacrifice de 100,000 francs, et le reste à l'État.

La ville de Digne aurait donc à pourvoir :

1º Pendant trente ans, aux intérêts de la somme de 400,000 francs, qui serait empruntée à la caisse des lycées et collèges, amortissement compris, soit 16,000 francs par an;

2º 5,000 francs, représentant l'entretien, que j'évalue à 1,700 fr., et six bourses communales obligatoires, dont la moyenne serait de 550 francs, soit 3,300 francs; total : 5,000 francs.

En résumé, une somme annuelle de 21,000 francs.

Nous payons actuellement pour notre collège 9,000 francs de personnel et 1,000 francs d'entretien, soit 10,000 francs qui seront dès lors retranchés de notre budget; il nous resterait donc à pourvoir à 11,000 francs.

Ces 11,000 francs, nous pourrons les prendre :

1º Sur nos ressources annuelles. Notre budget primitif de 1883 porte, en effet, à l'article 87 du chapitre II des dépenses extraordinaires, une somme de 6,000 francs pour solde de l'agrandissement du cimetière. Cette somme sera donc libre en 1884, du moins en partie. Notre budget de 1883 se soldant par un déficit de 1,400 francs environ, la somme disponible ne peut donc être que de 4,600 francs.

2º Au moyen du vote que je vous propose des 11 centimes dont vous pouvez encore disposer conformément à la loi. Le centime produisant dans notre commune 600 francs, les 11 centimes produiront 6,600 francs qui, joints aux 4,600 francs, donneront un total de 11,200 francs.

Une imposition de 11 centimes de plus va, je le comprends, être une énorme charge pour nos pauvres populations, déjà si lourdement grevées, mais elles le supporteront, je l'espère, avec patriotisme, en songeant aux avantages considérables que cette entreprise procurera à notre pays.

Je sais bien que, sur le budget de 1883, on pourrait réduire encore :

1º La somme un peu forte portée à l'article 79 du même chapitre II des dépenses extraordinaires, article relatif aux cessions de terrains par suite d'alignement, la somme de 6,000 francs environ, portée pour le même objet au budget supplémentaire de 1882, étant suffisante pour faire face à la dépense de vos alignements projetés;

2º La somme de 800 francs portée à l'article 86, même chapitre, la dépense que nous devions faire au collège devenant, par la construction elle-même d'un lycée, moins considérable.

Mais les réductions que l'on pourrait faire sur ces deux articles seront à peine suffisantes pour faire face aux intérêts à payer résultant :

1º De la somme de 25,000 francs récemment votée par vous pour l'exposition départementale de 1883;

2º De celle de 10,000 francs que je vais vous proposer de voter pour notre quote-part dans l'avant-projet de construction d'aqueducs sur la route départementale de Digne aux Bains, du pont du Pigeonnier au collège, présenté par MM. les ingénieurs;

3º De la somme de 10,000 francs qui nous incombera en sus pendant l'année de construction du lycée.

Si de telles charges sont très lourdes, les avantages que la ville de Digne en retirera seront considérables. Les voici, je crois que vous serez convaincus et que l'intelligente population dignoise saura les apprécier.

Dans trente ans, notre dette étant liquidée, au lieu de payer les 10,000 francs que nous donnons actuellement au collège, nos successeurs n'auront plus qu'à payer 5,000 francs : 1,700 francs pour l'entretien et 3,300 francs destinés à des bourses communales en faveur des enfants du peuple. De plus, la ville sera propriétaire d'un immeuble magnifique. Cette construction procurera, au point de vue matériel, du travail à nos ouvriers et une augmentation dans la recette de nos octrois ; au point de vue intellectuel, je vous l'ai déjà dit, un surcroît d'instruction qui permettra aux enfants des Basses-Alpes de lutter plus avantageusement avec les élèves des lycées. Cette lutte est chose difficile dans les conditions actuelles, car les programmes des examens ont été modifiés de telle façon que les élèves auraient en vain les meilleures dispositions naturelles, s'ils ne sont pourvus d'un certain ensemble de professeurs et s'ils ne trouvent sous la main des collections littéraires et scientifiques.

Je finis, Messieurs, ce long exposé par une dernière considération.

Le vœu que nous allons formuler aujourd'hui, si vous êtes de mon avis, ne vous engage pas définitivement. Vous voyez sans peine que dans ma proposition nous atteignons la limite des sacrifices possibles. Si l'État ne voulait pas nous accorder un secours suffisant, c'est-à-dire plus de la moitié de la dépense totale, si nous nous exposions à faire des frais exorbitants et disproportionnés avec nos ressources, nous dirions respectueusement à M. le ministre :

« La ville de Digne se saigne à blanc en quelque sorte ; elle offre tout ce qu'elle peut donner. En présence de tels sacrifices, le Gouvernement de la République viendra sans doute à son aide d'une façon décisive, car enfin l'instruction secondaire aussi bien que l'instruction primaire est indispensable à un département. Il ne voudra pas que notre cité, si républicaine, si passionnée pour le progrès, soit réduite à reculer au dernier moment et à retirer sa demande par l'impossibilité de suffire aux frais de construction. »

Tout me fait espérer, Messieurs, que nous n'en viendrons pas à de telles extrémités. C'est donc avec la plus entière confiance que je vous soumets, au nom de la municipalité, les résolutions suivantes :

1º Le conseil municipal :

Émet le vœu que son collège communal soit érigé en lycée national et soit établi pour 400 élèves ;

2º Vote à cet effet un emprunt de 400,000 francs à la caisse des lycées et collèges ;

3o Vote 11 centimes recouvrables pendant trente ans, pour faire face aux intérêts de l'emprunt, à partir du jour de la mise en adjudication ;

4o Charge la municipalité de solliciter, auprès du conseil général des Basses-Alpes, le vote d'une somme de 100,000 francs ;

5o L'invite à préparer un avant-projet et à pousser activement les négociations avec M. le ministre de l'instruction publique, afin d'obtenir les subventions nécessaires à la transformation proposée.

Après une discussion à laquelle plusieurs membres ont pris part, le conseil vote la prise en considération.

Puis M. le maire propose de nommer une commission spéciale pour étudier la question.

Le conseil estime que la question paraît mûrie suffisamment.

Toutes les propositions de M. le maire sont votées successivement et dans l'ensemble, à l'unanimité.

Dès ce moment, la municipalité se met à l'œuvre avec la plus grande activité ; le conseil municipal la seconde admirablement et il ne prend pas moins de vingt délibérations pour arriver au terme de ses décisions (1). Nous nous contenterons d'indiquer les principales.

Le 10 octobre, adoption des plans et devis de M. Jacob, architecte, et acceptation de l'emplacement Dedoue, au quartier des Chauchets.

En 1883 (2), le 30 mars, la ville s'engage à contracter un emprunt de 500,000 francs à la caisse des lycées et prend

---

(1) Le 25 août 1882, le conseil général des Basses-Alpes, sur le rapport de M. César Allemand, a donné une subvention de 100,000 francs pour la construction du lycée, sous la réserve que le département bénéficierait de deux bourses communales.

(2) Par décision de M. Duvaux, ministre de l'instruction publique, une subvention de 900,000 francs a été accordée (3 février). En y ajoutant les 100,000 francs du département et les 400,000 francs de la ville, on a le total de 1,400,000 francs.

des engagements fermes et irrévocables. Le 4 août, un décret érige le collège de Digne en lycée (1). Le 29 septembre, achat de toute la propriété Dedoue. Le 18 octobre, MM. Bertrand et Silvestre, entrepreneurs, sont déclarés adjudicataires des travaux de construction.

En 1886, le 18 octobre, le conseil adopte le devis du mobilier scolaire.

Enfin, en 1887, le 4 mai, M. Soustre, maire, annonce au conseil municipal l'ouverture du lycée pour le mois d'octobre et propose de faire une cérémonie d'inauguration à laquelle seront invités en particulier M. Spuller, ministre, M. Zévort, directeur de l'enseignement secondaire, et M. Belin, recteur de l'Académie d'Aix. Une commission est nommée le 19 (2) pour organiser des fêtes et un banquet aux frais de la ville.

Cette grande entreprise venait d'être terminée après six années de laborieux efforts; il ne restait plus qu'à inaugurer l'établissement.

---

(1) Voir ce décret aux pièces justificatives (VIII).

(2) Pour être complet, mentionnons le décret du 13 mars 1888 réglant le nombre de bourses à entretenir pendant dix ans: deux d'internat, deux de demi-internat et onze d'externat.

III.

Inauguration du 6 octobre 1887.

Cet événement est encore trop présent à la mémoire de tous pour qu'il soit utile d'entrer dans le détail des fêtes ; il nous suffit de dire que la ville de Digne a reçu somptueusement ses hôtes et s'est montrée fidèle à ses vieilles traditions de courtoisie.

Les trois discours prononcés à la cérémonie d'inauguration par M. Soustre, maire de Digne, par M. Belin, recteur de l'Académie d'Aix, et par M. Spuller, ministre de l'instruction publique, se rattachant directement à notre sujet, nous les donnons sans commentaire, et nous renvoyons aux récits des journaux les lecteurs désireux de connaître tous les incidents de la cérémonie et du banquet offert par la ville (1).

Discours de M. Soustre.

Monsieur le Ministre, Messieurs,

En prenant aujourd'hui la parole devant vous et devant un tel auditoire, je sens l'importance et les difficultés du rôle qui est échu

---

(1) Voir, aux pièces justificatives (VIII), un tableau du personnel et des traitements à diverses époques.

au maire de Digne. Je le ferai simplement, tâchant d'exprimer avec sincérité les sentiments dont je suis l'interprète.

La ville de Digne me semble dédommagée des lourds sacrifices qu'elle s'est imposés, en considérant le résultat obtenu, affirmé aujourd'hui par la présence des hauts personnages réunis dans cette enceinte.

Ce résultat considérable est dû d'abord au conseil municipal, qui n'a pas hésité devant une entreprise qui pouvait à l'origine paraître téméraire ; à M. le recteur, qui nous a prêté l'appui de ses lumières et de sa grande expérience et auquel il me tardait d'exprimer publiquement notre vive gratitude ; aux trois inspecteurs d'Académie (1) qui se sont succédé à Digne depuis que la création d'un lycée a été projetée ; au conseil général des Basses-Alpes, qui a bien voulu encourager une œuvre d'un si haut intérêt pour le département ; enfin au concours généreux de l'État, dont la large subvention a permis de réaliser l'exécution des travaux.

J'aurais été heureux de dire à M. Zévort, l'éminent directeur de l'enseignement secondaire, combien nous lui sommes reconnaissants de l'appui décisif que nous avons trouvé auprès de lui, et je regrette que son état de santé ne lui ait pas permis d'assister aujourd'hui à cette fête universitaire, où sa place était toute marquée.

Je ne veux pas oublier M. l'architecte Jacob, qui a conçu le plan de ce magnifique monument et en a dirigé la construction avec un zèle et une intelligence au-dessus de tout éloge.

La population des Basses-Alpes aime l'instruction sous toutes les formes ; l'enseignement primaire et l'enseignement secondaire y sont florissants, et je suis fier de constater que la ville de Digne, avant de construire son lycée, a organisé un cours secondaire de filles, bâti une école primaire de garçons, et qu'elle se dispose à élever une école primaire pour les jeunes filles et des écoles dans les sections.

Toutefois, au moment où nous disons un dernier adieu au vieux collège, où beaucoup d'entre nous ont fait leurs études, je tiens à rappeler qu'il a fourni une longue et très honorable carrière, depuis

---

(1) MM. Bianconi, Arnoux et East.

l'époque lointaine où Gassendi enseignait dans la rue de la Mère-de-Dieu et où l'enseignement fut transporté dans les bâtiments que nous voyons d'ici ; il a rendu les plus grands services en formant des générations d'hommes instruits et libéraux.

Nous espérons fermement que le lycée en rendra de plus grands encore, avec une installation qui ne laisse rien à désirer à tous les points de vue, avec un personnel plus nombreux et pourvu des plus hauts grades universitaires.

Monsieur le Ministre, au nom de la ville de Digne, je vous remercie de l'honneur que vous nous faites en venant présider cette cérémonie, qui laissera dans nos cœurs un souvenir ineffaçable. La présence du Grand Maître de l'Université portera bonheur à cet établissement ; elle sera un précieux encouragement pour les élèves qui vont y commencer leurs études et pour les professeurs chargés de les instruire et de préparer à la France des citoyens.

Tous trouveront dans ce pays, avec l'air vivifiant de nos montagnes, les meilleures traditions de travail et de dévouement aux institutions démocratiques.

Quant à moi, comme maire, je suis doublement heureux et d'avoir contribué, avec le concours du conseil municipal, à la réalisation de cette œuvre si utile et d'avoir eu l'honneur de vous exprimer la profonde reconnaissance de mes concitoyens.

Discours de M. Belin.

Monsieur le Ministre,

Je vous remercie, au nom des universitaires ici présents, de l'honneur que vous avez bien voulu faire au lycée nouveau de Digne, en acceptant de présider à son inauguration. Des six départements de l'Académie d'Aix, le département des Basses-Alpes était le seul qui ne possédât point d'établissement national d'enseignement secondaire, et la municipalité républicaine de Digne n'a reculé devant aucun sacrifice pour faire cesser ce qu'elle regardait comme une sorte d'infériorité.

Mais sa pensée a été plus haute ; elle a cru, avec raison, que l'instruction à tous ses degrés devait, pour ne jamais demeurer stérile, être mise à la portée de tous ; que les établissements d'enseignement secondaire, que je n'ai pas à louer ici, devaient être rapprochés des plus médiocres fortunes, afin de susciter et d'éveiller ces énergies intellectuelles, qui, au grand dommage du pays, risquent, faute de culture, de rester endormies dans les couches profondes de la démocratie.

Elle est également convaincue que l'éducation du caractère et de l'esprit, complément indispensable de toute instruction, se donne plus sûrement dans ces maisons d'importance modeste, où l'enfant et le jeune homme sont bientôt connus de ceux qui sont appelés à les diriger et à les former, où des relations réellement quotidiennes fortifient la confiance de l'écolier dans son maître et où les sympathies, si nécessaires au perfectionnement comme au progrès, naissent sans peine et d'elles-mêmes entre les élèves et leurs professeurs.

Enfin, devançant les vœux parfois bruyants de nos hygiénistes modernes, elle a voulu que son lycée s'élevât en pleine campagne, afin de ne point être dans l'obligation de mesurer la lumière et l'espace ; les enfants de nos montagnes, accoutumés aux lointains horizons, ne se sentiront point ici enfermés à l'étroit, et les enfants des villes voisines trouveront, dans ce vaste établissement, l'air vivifiant et salubre qui leur est ailleurs trop souvent refusé.

Quand une cité comprend de cette façon le rôle assigné aux communes de France dans l'œuvre de la diffusion et du relèvement de l'enseignement public, elle a droit à toute la sollicitude du Gouvernement, et votre présence ici, Monsieur le Ministre, prouve que cette sollicitude ne lui fait point défaut. Aussi, dans cette solennité, comme récompense de ses efforts, attend-elle de vous, qui n'avez vécu que pour la démocratie, qui avez grandi par elle et pour elle, attend-elle avec nous quelques-uns de ces généreux conseils qui encouragent et soutiennent, quelques-unes de ces patriotiques paroles qui autorisent l'espoir et la foi en un avenir meilleur que le passé, et nous savons tous que notre attente ne sera point aujourd'hui trompée.

Discours de M. Spuller (1).

Monsieur le Maire,

Monsieur le Recteur,

Mes chers Concitoyens,

J'éprouve une satisfaction, que j'aurai sans doute quelque peine à traduire, à me trouver au milieu de vous. C'est avec empressement que j'ai accepté l'invitation de me rendre à cette fête tout universitaire. Je ne pouvais manquer au devoir d'acquitter la dette de reconnaissance du Gouvernement de la République pour tous les sacrifices que la ville de Digne s'est imposés afin de se mettre au niveau de toutes les villes de France, dans cette grande œuvre vraiment nationale qu'on a appelée, tout à l'heure, l'œuvre de la diffusion de l'instruction publique dans notre démocratie.

M. le maire a rappelé que cet édifice que nous inaugurons aujourd'hui n'est, en quelque sorte, que le couronnement des efforts accomplis par la ville de Digne. On a d'abord songé aux besoins les plus pressants, en fondant des écoles normales où viendront se former les maîtres qui donnent l'instruction primaire ; on a ouvert ensuite des cours pour l'enseignement des jeunes filles ; on médite d'augmenter le nombre des écoles publiques dans la ville ; mais, en même temps, comptant sur le concours et la sollicitude de l'État, on a voulu que, dans le domaine de l'enseignement secondaire, la ville de Digne pût marcher à l'égale des autres villes de l'Académie d'Aix. Le bâtiment que nous venons de fonder est bien vaste ; il ne l'est pas trop. Il permet les longs espoirs. Je dirai plus, il est fait pour les inspirer.

Vous commencez, Messieurs les Professeurs du lycée de Digne, avec un nombre d'élèves relativement faible ; mais j'ai été heureux

---

(1) *Au Ministère de l'Instruction publique*, 1887 (Paris, Hachette), par E. Spuller, p. 205.

de recueillir de votre bouche l'assurance que le petit nombre, tel qu'il est, offre déjà la garantie de progrès qui ne se feront pas attendre. Déjà vous avez pu voir, dans les entretiens que vous avez eus avec les familles, quel effet heureux une installation comme celle-ci produit sur l'esprit de ceux qui confient à l'État l'éducation de leurs enfants. Il arrive souvent, Mes chers Concitoyens, que l'on se demande si ces dépenses de constructions et d'aménagement, que parfois on feint d'exagérer, répondent bien à un objet utile. Personne ne peut faire une meilleure réponse que ceux qui sont en communication directe avec les pères et les mères de famille. Personne, mieux que les chefs d'établissements, ne peut dire que les écoles ne sont jamais assez belles pour les parents. Aussi bien, les critiques qui ont été adressées à cet égard au Gouvernement de la République l'ont-elles laissé toujours indifférent. Il n'est pas vrai que le suffrage universel, il n'est pas vrai que les Français qui songent à l'avenir de la patrie se plaignent des dépenses faites pour l'éducation des enfants du pays. Il n'est pas vrai qu'on trouve trop belles les maisons où les fils de la France sont appelés à passer les premières années de leur jeunesse et où ils se préparent à devenir des hommes et des citoyens.

Tous, vous désirez, au contraire, que ces maisons soient construites de manière à rendre la science aimable. Vous voulez que le lycée, que l'école attirent les enfants au lieu de les repousser et que les maisons d'éducation, qui, pendant si longtemps, ont eu toute l'apparence extérieure de vraies maisons de correction, deviennent des demeures gracieuses et attrayantes, où l'on aime entrer et à rester pour y bien travailler.

Celle que nous inaugurons aujourd'hui se distinguera entre toutes, non seulement par la beauté du site où elle est placée, par l'air vivifiant et pur que l'on y respire, mais aussi par l'heureux aménagement, par la commode distribution que nous devons au talent de son habile architecte, M. Jacob. Messieurs, quand je parcourais tout à l'heure les salles d'étude, les réfectoires, les dortoirs, en pensant au petit nombre d'élèves qui vont les occuper, quant à présent, une autre idée me venait à l'esprit, c'est que cet établissement n'aura rempli son objet et atteint définitivement son but que lorsque tous ceux de nos concitoyens qui désirent faire instruire leurs enfants, pour les élever au-dessus de leur condition actuelle, auront tourné les yeux vers ce lycée pour les y amener.

A ce point de vue, Messieurs, l'ouverture d'un lycée dans une ville est une œuvre sociale et démocratique par excellence. Dans ce département des Basses-Alpes, républicain d'ancienne date, il n'est pas un bon citoyen qui ne s'associe profondément à cette préoccupation de la France de 1870, qui, après avoir été si cruellement éprouvée, a mis sa confiance dans une rénovation totale de l'enseignement public à tous les degrés, pour se reconstituer et se refaire.....

.... Je dis que, lorsque la France a voulu donner pour base aux institutions nouvelles tout un vaste système d'instruction publique, elle a fait ce qui avait été indiqué et tenté à une époque antérieure, mais ce qui n'avait jamais été abordé avec la résolution, avec l'esprit de suite qu'on y a apportés depuis 1870.

Messieurs, la politique joue un grand rôle dans la vie publique et privée de chacun de nous, et ce n'est pas sans raison. On dit même que la politique touche à tout et se glisse partout. On a encore raison, mais c'est à la condition de comprendre que la politique, pour avoir le droit de se mêler à tout, soit faite avec liberté, sans doute, mais aussi avec un sérieux esprit d'ordre et de bonne et sage conduite. Je répète donc que, dans ma conviction, le jour où le pays a voulu que la République reposât sur un enseignement national, repris, agrandi, développé suivant un esprit vraiment nouveau, tous les Français ont dû comprendre que les méthodes et le caractère de l'enseignement public devraient subir de profondes modifications. Il est de toute impossibilité que la démocratie puisse accepter pour l'enseignement de ses fils des méthodes qui, convenant à toutes les monarchies, ont été suivies et appliquées par toutes successivement. Républicains, nous sommes obligés par la nature des choses, par le cours naturel du temps, par le progrès des lumières, de donner à l'enseignement républicain, à l'enseignement de notre société démocratique de tout autres caractères que ceux qui convenaient à une société monarchique, qui a définitivement cédé la place à un monde nouveau. C'est donc ici un établissement d'instruction secondaire destiné à former des hommes qui occuperont dans la société une situation, je ne dirai pas prépondérante, rien n'est plus éloigné de ma pensée, mais qui leur permettra d'exercer sur leurs concitoyens une action plus directe et plus efficace, grâce à leurs lumières.

Quel sera au juste cet enseignement secondaire ? Voilà le problème, et tout le monde sait qu'il n'est pas facile à résoudre.

Messieurs, que cette préoccupation n'aille pas choquer ceux qui font de l'égalité le principe exclusif de la société moderne. Je veux dire seulement que l'enseignement public est appelé à se transformer précisément pour donner satisfaction à ce principe même de l'égalité. Ce qui pouvait être bon pour l'enseignement secondaire d'une petite élite, d'une société restreinte, ne saurait plus convenir à une grande et forte démocratie qui envahit tout. Il nous faut chercher un enseignement qui réponde à notre état social nouveau.

C'est bien là ce qui m'empêche de trouver que votre nouveau lycée est trop vaste et trop beau. C'est le lycée de l'avenir; on y viendra chercher la science et ses bienfaits, et plus il est grand, meilleur il est.

Pourquoi la science est-elle devenue, dans les démocraties, un intérêt politique et social de premier ordre? C'est que la science est pour l'homme qui vit en société le plus puissant, le plus précieux et le plus fécond de tous les instruments de travail, et que les démocraties sont avant tout des sociétés de liberté et de travail. Et quand je contemple d'ici cet établissement qui ressemble si peu à nos anciens collèges, qui a déjà le caractère d'une maison de travail et de production industrielle, je ne puis m'empêcher de songer au courant nouveau qui entraîne notre société moderne.

Cette construction, où cependant on n'a pas ménagé l'argent, ne se recommande pas, dans sa forme extérieure, par une architecture fastueuse; mais, en entrant bien dans la pensée de l'architecte, on devine, on pressent que les générations d'écoliers se succéderont dans cette maison pour apprendre à travailler et à soutenir le grand combat de la vie.

Tel doit être, permettez-moi de le dire, le caractère de l'enseignement secondaire dans l'avenir, et je ne crois nullement le rabaisser en disant qu'il doit s'approprier de lui-même à tous les besoins de notre démocratie laborieuse et agissante. Qu'on le veuille ou non, il n'y a plus rien aujourd'hui en dehors de la démocratie; aussi, dans ce pays, tout doit tourner à son avantage, à ses progrès, à son élévation matérielle et à sa grandeur morale.

Je suis loin de penser que l'enseignement secondaire ne devra plus préparer des hommes pour ces professions libérales dont notre société démocratique peut se passer moins encore que les autres. J'oserais encore moins dire que l'on doit transformer les lycées en écoles professionnelles ou d'apprentissage où l'on ne fera que des contre-maîtres. Non; je ne dis pas cela. Ce que nous devons demander avant tout à l'enseignement secondaire, ce n'est ni des contre-maîtres, ni des chefs d'établissements, ce sont surtout des hommes, des citoyens.

Qu'est-ce qui fait qu'un homme est véritablement digne de ce nom?

C'est la noblesse de son cœur, la hauteur de son intelligence, l'énergie de sa volonté; c'est son esprit orné en même temps qu'armé. Pour que l'enfant devienne un homme, il faut que son intelligence soit fermement préparée par une culture scientifique et littéraire de plus en plus solide. Aussi est-il de plus en plus nécessaire que cet enseignement nouveau et destiné à agir sur les intelligences d'une manière vigoureuse et féconde soit doublé d'un enseignement moral qui élèvera les cœurs, en les ouvrant aux plus nobles sentiments.

Enfin, il importe qu'on apprenne dès le lycée que, suivant le mot profond du plus grand de nos maîtres du XVIIIe siècle, la vie, c'est l'action. Aussi, la principale qualité pour l'homme doit-elle être l'énergie qui trempe les caractères. Le caractère d'un homme est ce qui assure son indépendance personnelle; à son tour, cette indépendance fait de l'homme un citoyen. Et de bons et fermes citoyens peuvent seuls faire bonne garde autour des institutions républicaines.

Aujourd'hui, tous les Français s'intéressent aux questions d'éducation nationale, et le ministère de l'Instruction publique est devenu le plus populaire de tous; mais, en même temps que la popularité et les honneurs sont venus à ce ministère, ses charges ont augmenté et sa responsabilité s'est accrue.

Pourquoi? Parce que les pères de famille ont maintenant les yeux fixés sur la direction qui est imprimée à l'enseignement national,

L'État a reconnu le principe de la liberté. Usant de cette liberté, les adversaires de la démocratie, ceux qui se défient d'elle élèvent leurs enfants dans des écoles qui leur semblent plus propres à sauvegarder les anciennes idées.

Au contraire, tous ceux qui appartiennent à la démocratie, ceux qui sortent de ces couches profondes dont parlait tout à l'heure M. le recteur ont maintenant pour principal souci de savoir quelle est la direction qu'on veut donner à la société de l'avenir.

Cette direction, vous la connaissez, Mes chers Concitoyens ; il s'agit de faire que la France continue à être ce qu'elle a toujours été, c'est-à-dire le porte-flambeau de la civilisation dans le monde.

C'est en dirigeant les générations nouvelles vers ce grand idéal qu'on relèvera notre pays. Nous ne pouvons, nous ne devons pas penser à faire de notre France une société exclusivement industrielle, comme l'Amérique; nous ne pouvons, nous ne devons pas davantage nous attarder dans l'ornière du passé, en faisant de la France une nation de pédants et de mandarins.

Non, la France est une nation libre, vive, douée d'une incomparable puissance de rajeunissement et de transformation, qui a de glorieuses traditions, une grande histoire et un noble passé à soutenir, mais qui a aussi son rôle à jouer parmi les peuples de l'avenir.

Notre nation reste, malgré ses malheurs, l'objet de l'envie passionnée de l'univers. Il y a devant nous, pour nos enfants, des perspectives de grandeur morale et matérielle à nulles autres pareilles. Malgré l'obscurcissement momentané de sa gloire, la France n'a pas cessé de marcher à la tête des peuples civilisés; mais, pour garder son rang, il faut qu'elle se renouvelle incessamment elle-même dans ses enfants.

Telle est la haute pensée, Messieurs, qui a porté la République et les républicains à tout sacrifier à l'instruction générale. Voilà pourquoi les établissements comme celui-ci doivent être entourés de la faveur publique. Voilà pourquoi aussi, s'il m'est permis de l'ajouter, le Gouvernement ne pouvait être absent d'une pareille fête, et je saisis cette occasion de déclarer que le ministre de l'instruction publique n'est pas venu dans cette ville pour faire de la politique de parti, mais de la politique nationale.

Il y a quelque chose qui est au-dessus de nos discussions, de nos divisions et de nos passions, c'est l'avenir de la France et de la civilisation générale.

Cet avenir, Mes chers Concitoyens, il sera ce que le feront les élèves de nos lycées; nos destinées futures sont entre leurs mains. Quand on élève sa pensée vers toutes ces grandes choses, on écarte bien loin de soi, et non sans quelque dédain, certains reproches que d'ailleurs on sent injustes et immérités. Des telles accusations ne sauraient atteindre des hommes convaincus au fond de leur conscience que, depuis la première jusqu'à la dernière heure de leur vie active, ils n'ont cherché qu'à servir leur cause, afin d'ajouter à la liberté, à la force, à la grandeur de leur pays.

Qu'est-ce donc que leur cause? C'est celle de la France. Et pour qui voulons-nous de la gloire, sinon pour la patrie?

Il serait téméraire de vouloir rien ajouter.

Restons sous l'austère et fortifiante impression des belles paroles qu'on vient de lire: elles forment la conclusion de notre modeste histoire du collège de Digne et nous permettent, sans rougir d'un passé qui n'est pas sans gloire, de diriger complaisamment nos regards vers les perspectives que le nouvel enseignement nous ouvre sur l'avenir.

PIÈCES JUSTIFICATIVES

I.

Adresse du conseil général de la commune de Digne, chef-lieu du département des Basses-Alpes, à la Convention nationale.

Représentans d'un peuple libre,

Nous avons pris lecture du rapport qui vous a été fait au nom du comité d'instruction publique, et nous avons vu avec surprise que dans le projet de décret qu'il vous a proposé il s'agit d'établir à Manosque le seul institut principal destiné pour les Basses-Alpes.

Laissons à part l'intérêt de la ville de Digne, chef-lieu de ce département. Les nouvelles institutions ne sont point en effet créées pour favoriser telle ou telle ville, tel ou tel district plutôt que tel autre, mais pour l'avantage de la généralité, pour la commodité du plus grand nombre.

Il faut donc, en les plaçant dans un arrondissement, chercher un point central à portée de tout le monde et auquel on puisse arriver de toutes les extrémités par une distance à peu près égale.

Jettons un coup d'œil sur la carte et examinons si Manosque est dans une position favorable pour y fixer l'institut proposé.

Notre département comprend cinq district, Digne au centre, Barcelonnette au nord, Castellane au levant, Sisteron au couchant et Forcalquier au midi. C'est dans ce dernier district que se trouve la ville de Manosque, située à l'extrémité du département et presque sur la limite du territoire des Bouches-du-Rhône.

Le seul institut principal destiné pour les Basses-Alpes serait donc fort mal placé à Manosque ; il serait hors de la portée de la généralité du département, disons mieux les trois quarts de ses habitants seraient privés d'en profiter, non seulement par le motif de l'éloignement, mais encore par la difficulté qu'auraient les districts de Digne, Castellane, Barcelonnette et une partie de celui de Sisteron pour se rendre à Manosque dans certains tems de l'année. Manosque et le district de Forcalquier sont en effet séparés du reste du département par la rivière de Durance, qui ne peut se traverser que par un bac dangereux dans les tems ordinaires et souvent impraticable lors des crues d'eau, surtout lorsque la rivière est divisée en plusieurs branches. Aussi existe-t-il peu de relations entre les habitans d'en deça de la Durance et ceux du district de Forcalquier; on ne se rend dans le district qu'avec répugnance même pour des affaires faciles; jugés donc combien il en coûterait aux pères de famille d'être obligés de conduire leurs enfants en dela de cette rivière et dans un pays si éloigné. La plus part ne pourraient s'y résoudre et dès lors le but de la Convention nationale, qui est de raprocher des étudians les moyens d'instruction, serait absolument manqué dans ces contrées. Des cinq districts dont notre département est composé celui de Forcalquier serait le seul à portée de profiter de cette instruction et il n'y aurait en cela ni justice ni égalité.

Législateurs ! notre département n'est pas riche, il est surchargé d'impots; c'est bien le moins que vous facilitiez à ces pauvres habitans les moyens d'acquérir les lumières que vous voulés propager par tout, et que vous ne les surchargiés point par des frais de voyage et de déplacement.

La carte à la main, cherchons donc le point central, le mieux à portée de tous et où on puisse trouver le plus de ressources possibles pour l'instruction de la jeunesse.

Or nous pouvons vous assurer sans crainte d'être démentis ou d'être accusés de parler pour notre intérêt particulier, que la ville de Digne est la seule qui puisse remplir les indications *(sic)* :

1º La position vraiment centrale n'a pas besoin d'être attestée ; elle a été formellement reconnue par les premières assemblées électorales et administratives, puisque c'est d'après leur vœu que l'Assemblée constituante y fixa définitivement le siège de l'administration supérieure sans aucun alternat, le même hommage lui a été rendu par toutes les sociétés populaires du département réunies par députés en assemblée fœdérative le 14 juillet 1792 et en dernier lieu par une assemblée generalle des mêmes sociétés tenue à Digne le 7 mars 1793. Toujours on a reconnu que Digne par sa position était la seule où on peut fixer les établissements d'utilité générale.

2º Il faut observer que le district de Digne forme à lui seul au dela du tiers de la population des Basses-Alpes, puisque sur trois cent quinze électeurs que donne le département le district en fournit cent onze, et que la même proportion se trouve dans le payement de l'impot.

3º A ces moyens victorieux se joignent une infinité de raisons de convenance : c'est dans un chef-lieu de département, là ou siègent les administrations supérieures et les tribunaux, que se trouve toujours une masse de lumières et que les étudians rencontrent le plus de moyen d'instruction en tout genre ; de combien de ressources ne seraient-t-ils pas privés si l'institut était placé dans une ville où il n'y aurait aucune administration ?

Ainsy la centralité, la population, la contribution et les motifs de convenance, tout concourt à faire établir à Digne l'institut principal proposé pour le département.

L'importance particulière de Digne ne doit pas moins contribuer à appuyer notre réclamation. Cette cité a en effet toujours figuré, même dans l'ancien régime, comme une ville principale ; elle était regardée comme la capitale de la Haute Provence ; avant la peste arrivée en 1629, elle comptait dans son enceinte plus de douze mille ames. La dépopulation fut si grande que le célèbre Gassendy ne put retenir ses larmes à son retour de Paris dans sa patrie.

Malgré ces pertes considérables, Digne, par son commerce, par la faveur de sa position et par ses relations avec toutes les contrées voisines, a toujours été la ville la plus conséquente de cette partie de la cy-devant Provence qui forme aujourd'huy le département des Basses-Alpes. Les entraves de l'ancien régime l'ont empêché de réparer toutes ses pertes, mais elle espère trouver dans le nouveau des moyens de reprendre son ancien lustre.

En deux mots, nous sommes situés au centre géographique et de la population du département. Notre climat est fort tempéré ; la situation de notre ville assez agréable ; nous y respirons un air pur et nous y jouissons de toutes les ressources pour recouvrer la santé, ne fut ce que par le moyen de nos Bains, qui sont très connus. Que faut-il de plus pour engager la Convention nationale à placer à Digne l'institut principal qu'il s'agit d'établir dans les Basses-Alpes? Nous offrons encore à la République de fournir à nos frais et dépens un local des plus propres et des plus commodes pour cet établissement. Tout nous fait espérer que la Convention nationale nous rendra la justice que la localité et l'intérêt général du département semblent nous assurer.

Délibéré à Digne en conseil général, le 13 mars 1793, l'an II de la République française, et ont signé tous les membres dudit conseil à la minute.

II.

Surveillance municipale.

LIBERTÉ. ÉGALITÉ.

Plusieurs personnes ayant portés des plaintes a la municipalité qu'un grand nombre d'enfants s'assembloient au pred de la foire et une autre troupe au nouveau grand chemin qui conduit au grand pond de pierre pour se lencer des pierres avec la fronde les uns contre les autres;

Une pareille guerre est intolérable, et il est inoui que des républicains se batent parmi eux.

Comme on saurait envisagé cette inconduite que du coté de défaut de vigilance et d'instruction des parents de ces enfants, que sils étoient bien instruit de notre sublime constitution, ils y aprendraient a aimer et a secourir les français comme des frères.

Pour lors eau lieu de se batre parmi eux, ils se cheriroient, ils s'amuseraient en semble, ils s'exerceroient parmi eux eau maniement des armes pour se rendre invincibles contre nos perfides ennemis, lorsqu'ils auront atteint l'age et la force suffisantes pour les aler combattre.

En concéquence touts les parens qui ont des enfants veilleront sur eux avec grand soin et les dégouteront en leur faisant conoitre le ridicule de leur conduite.

Faute dequoy les parents sont responsables des évenements facheux qu'il pourroit en résulter, et touts les enfants qui ont atteint l'age au dessus de dix ans qu'ils seront trouvés sur le fait de jetter des pierres avec leur fronde, soient dans les chemins au tour de la commune, soient dans les promenades, soient dans les places publiques, seront arrêtés, et mis pendant vingt quatre heures en prison.

Fait à Digne, dans la maison commune le **24** messidor, l'an 2ᵉ (12 juillet 1794) de la république française une et indivisible.

III.

Extrait des délibérations du conseil général (1) de l'an 10.

Séance du 5 prairial (25 mai 1802).

INSTRUCTION PUBLIQUE.

Le conseil général ne répétera point ici tout ce qu'il a dit dans les verbaux de ses précédentes sessions pour faire sentir les avantages et surtout les besoins de l'instruction dans ce département : ils sont généralement reconnus aujourd'hui. Ils avaient tellement frappé le préfet, que ce magistrat, pour se rendre aux vœux bien prononcés du conseil, et des habitants des Basses-Alpes, n'avait négligé aucun moyen, et n'avait épargné ni peine ni soins pour organiser l'*École centrale* dans ce département.

Il était enfin parvenu à ce but si désiré : et pour faciliter les moyens d'instruction pour toutes les parties du département, un pensionnat, dirigé par une personne éclairée, était établi près l'École centrale où des élèves nombreux étaient à portée de recevoir une éducation soignée : moyennant une pension modique et compatible avec la médiocrité des fortunes des habitants. Ceux-ci commençaient à jouir du fruit des travaux et sollicitudes du préfet et de ses coopérateurs et se félicitaient de pouvoir enfin donner à leurs

---

(1) Du département.

enfants l'instruction dont ils étaient privés depuis la Révolution.

Trois professeurs, un des langues anciennes et modernes, un des mathématiques et un troisième de dessin, étaient déjà en exercice. On se serait borné, pour compléter l'enseignement, à demander encore deux professeurs, dont un d'histoire naturelle, qui aurait montré les éléments de l'agriculture, et l'autre aurait professé les belles lettres. Voilà nos espérances tout-à-coup déçues; voilà ces établissements si longtemps désirés et formés avec tant de peine, soudainement paralisés et frappés de nullité par le nouveau projet d'organisation de l'instruction publique,

Ce projet, quoique conçu avec des idées libérales, renferme des défauts remarquables. Les écoles secondaires seront la seule ressource des habitants de ce département, parce que la modicité de leurs fortunes ne leur permettra pas d'envoyer leurs enfants dans les licées qui ne pourront être fréquentés que par les enfants des favoris de la fortune.

Dans les écoles secondaires, on ne pourra donner qu'une instruction très bornée. On n'y trouvera jamais des professeurs doués du mérite qui doit distinguer ceux qui se vouent à ces pénibles et honorables fonctions, attendu qu'on fait dépendre leur existence du nombre des élèves, et que ce nombre ne pourra jamais leur procurer un traitement suffisant.

Si le nouveau plan était adopté, ce département serait privé des avantages de l'instruction, parce qu'on ne pourrait jamais parvenir à y organiser les écoles secondaires, autant par le défaut de ressources des communes, que par l'impossibilité de trouver des sujets. Cependant ce pays ne doit point être négligé : ses habitants, naturellement vifs et spirituels, sont susceptibles de cultiver les sciences et les lettres avec succès. Il a produit l'immortel Gassendy et le savant Papon, historien de Provence; il est le berceau des Mirabeau, et plusieurs écrivains qui, quoique moins connus, se sont rendus utiles aux lettres par les connaissances qu'ils ont transmises, y ont pris naissance (1).

---

(1) Ce plaidoyer ne manque pas de charme.

Le Gouvernement ne peut mieux développer les germes que la nature se plaît à répandre dans l'esprit des habitants des Basses-Alpes, et y former des sujets capables de remplir les diverses fonctions de la société, qu'en laissant subsister l'École Centrale, avec les réformes et les modifications que cet établissement paraît exiger, et surtout en le soumettant à une surveillance sévère et telle qu'elle pût exciter le zèle des professeurs et l'émulation parmi les élèves. Si les dépenses qu'entraîne l'établissement de l'École Centrale, même avec une réduction dans le nombre des professeurs, formaient un obstacle, on trouverait aisément les fonds suffisants par la suppression de l'agence des contributions qui est réclamée par le vœu général.

D'après cet exposé, le conseil général exprime le vœu formel que l'École Centrale soit conservée et maintenue dans ce département, comme l'établissement qui convient le mieux aux localités; que le nombre des professeurs y soit réduit et fixé à cinq ou à six, en y comprenant le bibliothécaire; que le pensionnat établi près l'École centrale soit investi de toute la protection du Gouvernement et qu'une surveillance rigoureuse soit le gage de la prospérité de l'instruction.

IV.

Liste des directeurs et principaux.

1499. Martin et Roman.
1518. Blase Clavau. ⎫ maîtres
1530. Arnaud.   ⎬ d'école.
1546. Bertrand, recteur des écoles.
1580. Olivari Jay, —
1601. Clary et Marguac, régents des écoles.
1607. Roustan et Camate, régents des écoles.
1608. .... P. Gassendi, régent de rhétorique.
1610. Camate et Bruno, régents des écoles.
1611. Brun, principal, et Bouteillon, régents des écoles.
1612-1614. Pierre Gassendi, principal régent.
1615. Michel Ollivier.
....
1651. Touret, régent (sous la direction des Jésuites).
1688. Mane, prêtre, régent de rhétorique.
1689. Joseph Maur, Joseph Ferriol, Jacques Martin, Joseph Tourniaire, André Martin et Balthazard Comte.
....
1805. Départ de M. Paquet, directeur de l'école secondaire.
1805. M. Pary, prêtre, directeur de l'école secondaire.
1806. M. Pierre Rippert, prêtre, directeur de l'école secondaire.
1811. M. Gaudemar, principal provisoire.
1812. M. Jean Marie, principal.
1817. M. Geory, id.
1827. M. Gastinel, id.
1830. M. Reynaud, prêtre, id.
1835. M. Rame, id.
1838. M. Payan, id.
1841. M. Senglar, principal intérimaire.

1845. M. Fortoul, prêtre, princ.
1849. M. Roubaud, prêtre, id.
1851. M. Gallon-Labastide, id.
1852. M. Richaud, id.
1855. M. Fabre, id.
1857. M. Barrès, id.

1860. M. Desdouets, principal.
1864. M. Bénit, id.
1872. M. Viel, id.
1873. M. Legrand, id.
1880. M. Combe, id.

V.

Discours de distributions de prix.

1838. M. Rame, principal. — Sur le danger des utopies et des théories bizarres en politique.
1840. M. Auphan. — Sur la langue française.
1841. M. Collivet, professeur de troisième. — Sur les récompenses et les prix.
1843. M. Henri. — Sur l'étude des auteurs classiques (sortie contre le romantisme).
1846. M. Camatte, régent de troisième. — Sur le choix d'une carrière.
1848. M. Reynaud, professeur d'histoire. — Sur l'éloquence.
1849. M. Ser, professeur de rhétorique. — L'Université et le collège sont des institutions bien appropriées à l'esprit d'une république.
1851. M. Colomb, régent de seconde. — Tableau de l'histoire littéraire.
1852. M. Neyreneux, régent de rhétorique. — Sur le travail.
1852. M. Faure, professeur d'histoire. — De la nécessité de l'étude.
1854. M. Colomb, régent de rhétorique. — Importance et utilité des différentes branches de l'enseignement universitaire.
1855. M. Roger, professeur de seconde. — L'enseignement universitaire ne sépare pas l'éducation de l'instruction.
1856. M. Coustalet, professeur de troisième. — Sur l'esprit d'ordre et de discipline.
1857. M. Barrès, principal. — Des principes d'une bonne et solide éducation chrétienne.

1858. M. Bénit, professeur de rhétorique. — Des auteurs grecs et latins.
1859. M. Imbert, professeur de mathématiques. — Influence des sciences sur le développement de l'intelligence.
1861. M. Roberty, professeur d'histoire. — Origine et développement des sciences historiques.
1862. M. Chabrier, professeur de seconde. — Sur l'histoire de Digne.
1863. M. Ferry, professeur de rhétorique. — Sur l'activité, vertu indispensable pour triompher dans la lutte pour la vie.
1864. M. Pons, professeur d'histoire. — Étude de l'histoire.
1865. M. Bénit, principal. — Des avantages de l'instruction.
1866. M. Bourbon, professeur de rhétorique. — L'élève de nos jours et l'élève d'autrefois.
1867. M. Pinelli, professeur de seconde. — L'éducation ~e et l'éducation privée.
1868. M. Déruelle, professeur d'histoire. — Utilité de l'inst· .
1869. M. Courtalon, professeur de seconde. — Des travaux du collège.
1871. M. Arnoux, professeur de rhétorique. — Influence de l'enseignement sur l'avenir de notre pays.
1873. M. Désiré Martin, professeur de mathématiques. — Éloge des sciences:
1874. M. Barnave, professeur de physique. — Découvertes du XIXe siècle.
1875. M. Foujols, professeur d'histoire. — Sur le progrès.
1876. M. Bénit, professeur de philosophie. — Sur l'esprit d'obéissance.
1877. M. Guizou, professeur de cinquième et sixième. — Sur la lecture.
1878. M. Payan, professeur de physique. — Sur l'étude de l'histoire naturelle.
1879. M. Arnoux, professeur de rhétorique. — Sur Honnorat, Bondil et l'orateur Manuel.
1880. M. Bernard, professeur de l'enseignement secondaire spécial. — De l'enseignement secondaire français.
1881. M. Balland, professeur de philosophie. — De l'étude de la philosophie.

1882. M. Bonfanti, professeur de philosophie. — Sur Gassendi.
1883. M. Menc, professeur de cinquième et sixième. — Sur Montaigne.
1884. M. Briand, professeur de troisième et quatrième. — Sur l'énergie et la fermeté du caractère.
1885. M. Granier, professeur de philosophie. — Sur la dignité humaine.
1886. M. Dagan, professeur de rhétorique. — Sur le pédantisme.
1887. M. Jean, professeur de philosophie. — Sur Rabelais.

VI.

Lauréats (1).

1845. Autric, classe dé troisième.
1846. Chaix Beaudun.
Baudisson.
1847. Baudisson (philosophie).
Baume (rhétorique).
1851. Garcin Odon.
1852. Aubert Gustave.
1853. André.
1855. Julliany.
1857. Maurel (sciences).
Bouteuil (lettres).
1858. Maurel Émile (rhétorique).
1859. Sauva.
Margaillan.
1861. Sambuc (logique).
Buffe (rhétorique).
1862. Buffe (logique).
Garnier (rhétorique).
1863. Garnier.
Arnoux Auguste.
1864. Roumieu.
Mégy.
Hugues.
1865. Hugues.
Marie.
Bongarçon.
1866. Hugues.
Bongarçon.
Paul Maurel.
1868. Roux.
Raoul Fruchier.
1869. Marius Martin.
Gleize.
1870. Émile Fruchier.
Martin Marius.
Don Paul.

---

(1) *Supplément aux notes des pages 57 à 63.* — Anciens élèves de collège : MM. H. Bernard, sous-préfet ; L. du Chaffaut, sénateur ; du Chaffaut, colonel d'artillerie ; A. de Gaudemar, procureur impérial à l'Ile-Bourbon ; H. Hugues, conseiller à la Cour d'Alger ; F. Fortoul, premier président honoraire de la cour de Poitiers ; Gariel, colonel ; Suillet, docteur en médecine ; Isoard, directeur des contributions directes à Bordeaux ; E. Rouit, élève du Conservatoire, professeur à Sainte-Barbe ; Ch. Fortoul, maître des requêtes au Conseil d'État, etc.

1872. Gustave Sardi.
G. Bellier.
Dou Auguste.
1874. Mathieu.
Aubert.
1875. Builly Noël.
Aubert.
F. Champsaur.
Giraud.
1876. Émile Arnaud.
Edmond Chaix.
André de Gaudemar.
1877. Emile Arnaud.
Rebory.
1878. Reynaud.
Autric.
Salvagy.
Menc.
1879. Leheutre.
Gustave Arnaud.

1880. Félix Fruchier.
Gustave Canton.
Faucou.
1881. G. Canton.
Faucou.
Renoux.
1882. Marius Salvan.
Jules Bœuf.
1883. Boyer.
Sorrel.
Isnard.
1884. Sorrel.
Cotte.
Brun.
1885. Sicard.
Lombard.
Maurel.
1886. Fabre.
Jean.
Sicard.

VII.

Décret érigeant en lycée national le collège de Digne.

(1 août 1883.)

Le Président de la République Française,

Sur le rapport du Président du Conseil, Ministre de l'Instruction publique et des Beaux-Arts,

Vu les délibérations, en date des 11 août, 10 octobre 1882 et 30 mars 1883, par lesquelles le conseil municipal de Digne a émis le vœu que son collège communal fût érigé en lycée et s'est engagé : 1º à fournir des bâtiments conformes aux plans qui seront approuvés par le Ministre de l'Instruction publique et des Beaux-Arts et garnis du mobilier usuel et scientifique déterminé par les règlements; 2º à satisfaire aux obligations imposées par la loi du 15 mars 1850; 3º à entretenir pendant dix ans un certain nombre de bourses;

Vu les délibérations, en date des 23 et 25 août 1882, par lesquelles le conseil général des Basses-Alpes s'engage à contribuer, pour une somme de 100,000 francs, aux frais de construction de l'établissement;

Vu les rapports de M. le Recteur de l'Académie d'Aix, en date des 1er décembre 1882 et 23 juin 1883;

Vu l'avis du Conseil supérieur de l'Instruction publique;

Vu la loi du 15 mars 1850;

Vu le décret du 16 avril 1853;

DÉCRÈTE :

ARTICLE PREMIER. — Le collège de Digne est déclaré lycée national.

Art. 2. — Le lycée de Digne sera organisé, après qu'il aura été reconnu contradictoirement par les délégués de l'administration municipale et par ceux du Ministère de l'Instruction publique et des Beaux-Arts que les bâtiments sont complétement achevés conformément aux plans approuvés et pourvus du mobilier usuel et scientifique déterminé par les règlements.

Art. 3. Le prix de pension et d'externat seront fixés ainsi qu'il suit :

	Pension.	Demi-Pension.	Externat.
Division supérieure........	650 »	425 »	100 »
— de grammaire.....	600 »	375 »	80 »
— élémentaire.......	550 »	325 »	70 »

Art. 4. — Les Président du Conseil, Ministre de l'Instruction publique et des Beaux-Arts, est chargé de l'exécution du présent décret.

Jules GRÉVY.

Par le Président de la République :

Le Président du Conseil,

Ministre de l'Instruction publique et des Beaux-Arts,

Jules FERRY.

VIII.

Personnel et traitements à diverses époques.

1º En 1499. Martin et Roman....................	37	florins.
2º En 1545. Bertrand...........................	75	—
3º En 1612. Pierre Gassendi.....................	48	écus.
4º En 1748. Régent de rhétorique................	240	livres.
— seconde...................	190	—
— troisième..................	165	—
— quatrième.................	150	—
— cinquième.................	135	—
— sixième....................	120	—
5º En 1823. Principal et régent de rhétorique......	1,500	»
Régent de philosophie................	800	»
— mathématiques.............	800	»
— deuxième et troisième.......	750	»
— quatrième et cinquième......	700	»
— sixième et septième.........	650	»
6º En 1867. MM. Bénit, principal.................		
L'abbé Aubert, aumônier........	600	»
Joly, mathématiques............	1,600	»
Pujade, physique	1,600	»
Pons, histoire.................	1,600	»
Bourbon, rhétorique et logique ...	1,700	»
Pinelli, seconde	1,700	»
Courtalon, troisième	1,600	»
Laforêt, quatrième.............	1,200	»
Guizou, cinquième et sixième.....	1,100	»

MM. J. Arnoux, septième et huitième....   1,000 »
Crez, classe préparatoire..........   800 »
Chabran, cours spéciaux de français.   1,200 »
Pellissier,   —   .   900 »
Gibert,   —   .   800 »
Ailhaud, dessin..................

7° En 1886-1887. MM. Combe, principal.
Abbé Beraud, aumônier.
D. Martin, mathématiques.
Payan, physique.
Foujols, histoire.
Jean, philosophie.
Dagan, rhétorique et seconde.
Danoy, anglais.
Sommer, allemand.
Briand, troisième et quatrième.
Aubin, cinquième et sixième.
Chaspoul, septième et huitième.
A. Martin, classe primaire.
Bernard, enseignement spécial.
Jauffret,   —
Bernard, dessin.

D'après le décret du 4 janvier 1881, les traitements variaient de 1,600 à 2,800 francs. Suivant le nouveau décret du 11 août 1887, l'échelle est de 1,600 à 3,400 francs.

8° Le Lycée en

1887-1888.   ADMINISTRATION.

Proviseur................ MM. Rossi.
Aumônier................ L'abbé Beraud.
Économe................ Massiani.
Surveillant général......... Paret.
Commis d'économat........ Baret.

PROFESSEURS.

ENSEIGNEMENT CLASSIQUE.

Mathématiques élémentaires. MM.	D. Martin.
Mathématiques préparatoires.	Gerbier.
Sciences physiques, chimiques et naturelles........	Roos.
Philosophie..............	Loustau-Chartez.
Histoire et géographie......	Sauvage.
Rhétorique	Santiaggi.
Seconde.................	Eyssette.
Troisième	Monet.
Allemand................	Heitzmann.
Anglais.................	Marjault
Quatrième...............	Laplane.
Cinquième...............	Gauthier.
Sixième.................	Bourdoncle.
Septième................	Aubin.
Huitième................	Marty.
Primaire	Gouillon.

ENSEIGNEMENT SPÉCIAL.

Quatrième et Troisième année.

Morale .... MM.	Loustau-Chartez*.
Mathématiques...........	Chartier.
Sciences physiques, chimiques et naturelles........	Diomard.
Littérature, histoire, géographie et législation	Fonjols.
Comptabilité.............	Bernard.

Deuxième année.

Mathématiques........... MM.	Chartier*.
Sciences physiques, chimiques et naturelles........	Diomard*.

Histoire et géographie...... Foujols*.
Littérature............... Bernard*.

Première année.

Mathématiques............ MM. Bernard*.
Sciences physiques, chimiques et naturelles........ Diomard*.
Histoire, géographie et littérature.................. Bernard.

Dessin d'imitation .... MM. Jaubert.
Travaux graphiques........ Chartier*.
— .... Bernard*.
Écriture................. Gouillon*.
Musique................. Creste.
Gymnastique et exercices militaires,.............. Vincent.

MAITRES RÉPÉTITEURS.

Suppléants,............... MM. Bailly et Jacquet.
1er quartier.............. Michel.
2e — .... Sicard.
3e — .... Alidières.
4e — .... Salin.

SERVICE MÉDICAL.

Médecin .... MM. le docteur Romieu.
Chirurgien-Dentiste....... Valopin.

Nota. — *Les noms marqués d'une astérisque ont déjà figuré dans le tableau.*

D'après le décret du 16 juillet 1887, les traitements varient de 1,000 à 7,500 francs, indépendamment de l'indemnité d'agrégation.

IX.

Bibliographie.

Archives communales de Digne, BB ; registres des comptes, CC ; registres des actes : arrêtés du corps municipal.

Délibérations du bureau d'administration du collège (1805-).

Archives départementales des Basses-Alpes.

Journal des Basses-Alpes (1837-1887).

Annuaire des Basses-Alpes (1833).

Vie de P. Gassendi, par le père Bougerel. (Paris, imprimerie de Jacques Vincent, 1737.)

Souvenirs historiques sur la ville de Digne, par F. Guichard. (Digne, v^e Guichard, 1847.)

Discours sur la vie et les vertus de Mgr de Miollis, suivi de notes, par L.-J. Bondil, chanoine théologal. (Digne, v^e Guichard, 1843.)

Le Collège de l'Arc, à Dôle, par J. Feuvrier. (Dôle, P. Chaligne, 1887.) 254 pages.

Les Pédagogues du Port-Royal, par Carré. (Paris, Delagrave, 1887.) 348 pages.

L'Enseignement secondaire à Troyes, du moyen âge à la Révolution, par Gustave Carré, professeur d'histoire au Lycée Lakanal. (Paris, Hachette 1888.) 390 pages.

L'Instruction publique à Fleurance avant 1789, par Paul Parfouru, archiviste du Gers. (Auch, imprimerie Cocharaux frères, 1887.) 16 pages.

Documents sur l'enseignement primaire en Provence avant 1789, par Mireur, archiviste du Var. (Extrait de la *Revue des Sociétés savantes,* 7e série, tome III, 1880.) 32 pages.

Bulletin de la Société scientifique et littéraire des Basses-Alpes. (Imprimerie Chaspoul, Constans, et veuve Barbaroux, Digne.)

Musée pédagogique, fascicule nº 7. — *Schola aquitanica,* programme d'études du collège de Guyenne au XVIe siècle, réimprimé par Louis Massebieau. (Paris, Delagrave et Hachette, 1886.) xv-76 pages.

Musée pédagogique, fascicule nº 71. — *Notes sur l'Instruction publique de 1789 à 1808.*

Revue de l'Enseignement secondaire et supérieur. (Paris, Dupont.) — Cette revue a publié un certain nombre de documents relatifs à l'histoire des collèges.

TABLE DES MATIÈRES.

Dédicace 3
Introduction 5

Première partie.

Le Collège 7
I. — Origines et première période (1474-1611) 9
II. — Gassendi. — La dispute ou concours. — Les Jésuites (1612-1743) 19
III. — Réforme du collège et construction d'un nouvel établissement (1744-1786) 33
IV. — Période révolutionnaire (1787-1804) 51
V. — Dernière période. — École secondaire et Collège (1804-1886) 57

Deuxième partie.

Le Lycée 65
I. — Projet d'un lycée sous le ministère Fortoul (1854) ... 67
II. — Création (1882-1887) 69
III. — Inauguration (6 octobre 1887) 79

Pièces justificatives.

I.	— Adresse à la Convention	93
II.	— Surveillance municipale	97
III.	— Le conseil général demande le maintien de l'École centrale	99
IV.	— Liste des directeurs et principaux	103
V.	— Discours de distributions de prix (1838-1887)	105
VI.	— Lauréats et anciens élèves (1845-1886)	109
VII.	— Decret érigeant le collège en lycée (1883)	111
VIII.	— Personnel et traitements à diverses époques	113
IX.	— Bibliographie	117

DU MÊME AUTEUR

Étude historique sur les Bains thermaux de Digne.. 2 fr.

Notice sur J.-A. Pons...................................... 1 fr.

www.ingramcontent.com/pod-product-compliance
Lightning Source LLC
Chambersburg PA
CBHW060202100426
42744CB00007B/1132